alchemist

用對方法富足資產・聽好故事富足人生

上總介 著

陳朕疆 譯

不確定性時代的
投資兵法

從歷史中領悟30個「不敗」投資觀念

稼げる投資家になるための投資の正しい考え方 歴史から学ぶ30の教訓

序章

初次見面，我是投資專家上總介。從我接觸股票投資至今，已經超過了十五年。當時我看到哥哥在投資股票，便試著模仿他，開始跟著投資，這就是我接觸股票的契機。現在我已有七年以上的專職投資經驗，而且沒有一年的年度損益為虧損，至今（二〇一三年）已累積了超過一億日圓（依當時匯率，約三千三百萬新臺幣）的資產。

與上班族時期相比，我的生活有了很大的變化。我現在每年會出國旅行四次以上，在日本國內旅行十次以上。二〇一三年時，我甚至考慮住在國外操盤。而且成為專職投資人後，我在二〇一二年時實現了「長達一個月的暑假」這個夢想，於沖繩盡情享受假期。我把這個假期稱之為「重拾童年時光的暑假」。雖說是暑假，但我也不是直接進入休息狀態，而是先設定好投資策略後才休息。我設計了戰略Ａ到戰略Ｊ共十種投資策略。在二〇一二年這個「重拾童年時光的暑假」期間，我的獲利高達六百八十萬日圓（依當時匯率，約兩百二十八萬新臺幣）。這就是投資的醍醐味。即使從事與投資無關的活動，只要投資方法正確，也能藉由投資獲利，就像每天待在沖繩海灘上的我一樣。

就現代科學而言，人活不到兩百歲，沒有第二個百年。人生時間有限。雖然我們無法增加時間，但只要我們將目前有限的時間，運用在最有意義的事情上，也能得到與延長壽命相同的效果。如果投資成功的話，就可以將寶貴的時間，花費在對自己來說最有意義的事情上。

然而，在投資上取得成功並不是件容易的事。沒錯，僅憑直覺隨意買賣，不可能賺得到錢。不只賺不到錢，不少人還會因此資產縮水。

正如我剛才所說，「憑直覺隨意買賣，不可能賺得到錢」。

要想在投資上獲利，你的投資行為需要有充分的根據。坊間有許多介紹投資手法的書籍。我自己以前也讀過數百本投資書。其中有些書幾乎毫無價值，但也有某些書會介紹非常實用的投資方法。

任何事情都要按部就班。舉例來說，蓋新房子時要先打好地基，建立穩固的基礎，之後再開始建造上方的建築物。要是地基沒有打好，不管房子蓋得有多華麗，也沒辦法撐太久，很快就會倒塌。

學習投資也是一樣。投資過程中，必須先打好基礎，使根基牢固才行。如果沒有掌握好投資的基本原理，僅學習投資方法中的攻擊技巧就貿然進場，即使一開始因運氣好而有所斬獲，一旦市場出現波動，所有獲利轉眼都化為烏有。相對的，如果投資的基礎扎實，之後即使市場大幅波動，你也能屹立不搖。因此，為了成為成功的投資人，請先了解「正確的投資觀念」。

本書將以六章共三十節的篇幅，介紹正確的投資觀念。另外，也會介紹歷史上的案例，以此加以說明。

我深信，學習歷史事件，是真正理解投資的最佳途徑。因為在投資過程中，投資人常常很難理解「為什麼」要有這樣的思考方式，最後往往只理解到這些投資行為的表面形式。

然而，若要打好投資的基礎，就不能停留在表面部分，而是要深入**學習根本的核心觀念**才行。若只學習到表面知識，你依舊難以活用；若能掌握到根本的核心觀念，你便可應用在所有情況。而若要說明這些核心觀念，我認為用歷史上的事件來解說，是最有效的方法。

如前所述，要在投資活動中成功，必須打好「投資的地基」。本書的目的，就是幫助讀者們「打好」正確投資觀念的基礎。我會用淺顯易懂的方式呈現這些概念，讓對歷史沒有興趣的讀者，也能享受閱讀本書的樂趣。

至今已有許多財經刊物、雜誌，將我視為成功的投資人。在他們來採訪我時，常會問我：「能不能對讀者稍微透露一些你的特殊投資方法呢？」有時還會有投資講座邀請我參與，甚至開出一筆讓人受寵若驚的金額做為酬勞（不過我都婉拒了）。那些時候，我內心的想法是「其實我沒有什麼特別值得說明的訣竅」。但如果真的這麼說，一定會得到「又來了，別再唬弄我們了」之類的回應。然而事實的確如此。我只是忠實執行投資教科書上的基本知識而已。

那麼，為什麼不使用任何特殊投資方法的我，可以一直以專職投資人為生，並累積高達一億日圓以上的資產呢？就我而言，我至今讀遍了數百本投資書籍、參加了各式各樣的投資講座、閱覽過許多投資人的部落格，也在市場中累積了豐富的實戰經驗，並從中學習到正確的投資觀念。我只是以這個正確的投資觀念為基礎，忠實實踐其基本原則，這樣便能獲取利潤。這就是我投資成功的祕訣。總之，我並沒有使用所謂的「特殊投資方法」。

長年以來，我看過各式各樣的投資人。在我看過的例子中，我發現成功者與失敗者之間有個相當明顯的差異。以下就來介紹這個差異。

首先介紹的是失敗者的例子。

他們在還不曉得「何謂投資」的情況下，就如賭博般投入資金。在獲得足夠的經驗以前，便耗盡了自己的預算。你是否曾聽過「千萬不要碰股票」之類的話呢？這通常是那些不大懂股票投資而虧了大錢的人，或是聽過這些故事的人們常掛在嘴邊的句子。典型的失敗者，往往在了解正確的觀念前，或者在累積到足夠的經驗以前，就已耗盡了資金。這種人常會覺得投資很可怕而不再投資。

那麼，成功者又是如何呢？

大致來說，成功者多少也會經歷一些挫折，但他們可以透過挫折帶來的教訓，累積投資經驗，進而學習到正確的投資觀念。關鍵字就是「**投資的經驗**」與「**正確的投資觀念**」。那麼，要怎麼做才會成功呢？很簡單，只要避免重蹈失敗者的作法，模仿成功者的經驗就可以了。

接著來介紹幫助你累積經驗、邁向成功的最佳方法。一開始不要想著賺大錢，而是要盡可能累積無形的投資經驗，一邊學習一邊投資。只要稍微覺得有危險，就要馬上停損，以保住自己的投資資金。保住自身的投資資金，也是在保護自己的投資夢。假設一開始的投資預算是五十萬日圓（約十五萬新臺幣）。請你在半年至一年內盡可能累積投資經驗，並避免讓投資預算減少到四十萬日圓（約十二萬新臺幣）以下。快的話，大概在一到兩個月左右，投資預算就能回升。但此時請不要心急，而是要耐心地繼續累積投資經驗。這種方法看似乏味，但由我過去看過的許多成功投資人與失敗投資人的例子，我確信這種方法是通往成功的最佳捷徑。雖然投資經驗是無形之物，卻是過程中獲得的寶貴財富，請盡可能用少量資金來累積投資經驗。

用角色扮演遊戲來說明的話，應該更為直觀。一般來說，若要打倒某個強悍的怪物，要先打倒許多較弱小的敵人，累積經驗值，提高自己的等級才行。投資也一樣。在投資的世界中，有成千上萬的強悍「怪物」等著你挑戰。為了贏過這些強悍的怪物，必須累積足夠的經驗。這些經驗會成為你手上的黃金之劍。

或許有些人會想要用虛擬交易來代替這個過程，但我完全不建議這麼做。如果只是想要初步熟悉投資環境，虛擬交易或許是個還不錯的工具，但若想得到經驗，還是要用自己的錢投資才行。

說了這麼多，最後，我想稍微談談本書標題「正確的投資觀念」*。

*編註：此處指日文原書書名「稼げる投資家になるための投資の正しい考え方」，可直譯為「成為賺錢投資人的正確投資觀念」。

我的投資勝率其實並不高，大約在五成到六成之間。換言之，我的交易其實常常虧錢。不過，即使虧錢也不會對我造成致命傷，最後我還是會贏回來。

觀察投資市場多年的我認為，成功者就是在說那些不會自我毀滅的人。相對的，不會成功的人則往往因為自我毀滅而失敗，且占了市場中的壓倒性多數。這也是正確的投資觀念之一。

不管你是正要開始投資的人，還是已經開始投資卻不順利的人，請把這本書當成奠定投資基礎的教科書。如果你是投資界的老手，則可透過本書再次確認基礎的正確投資觀念。如果本書有幫到各位的忙，那就太棒了。祝各位都能在市場中成功。

上總介

※本書提到的歷史事件常有諸多說法。書中只會介紹其中一種說法，不一定是正確的歷史解釋。

※並非讀了本書，投資就一定會成功。

目次

第三章 邁向成功投資人的階梯

第四章 容易遭遇的失敗

第五章　攻擊時的正確觀念

第六章　投資的精髓

第一章
在投資活動中持續獲利的基本原則

1 投資的基本原則

二〇〇八年的雷曼兄弟事件中，股市出現歷史性的崩跌，我們看到許多違反過去經驗法則的案例，當時可說是非常難熬的局面。在市場大幅變動時，也意味著大好機會就在眼前。但可別忘了，這些機會也伴隨很大的風險。因此，我認為投資時首先要考量的，就是防禦。

投資的優先順序中，第一是防禦，第二才是攻擊。

這可說是在投資過程中獲得長期成功的必要條件，所以在本書開頭就優先介紹這一點。

歷史上有許多偉大人物也常有一樣的想法。以下就以在三國時代被譽為天才軍師的諸葛孔明為例，透過歷史事件來說明這個觀念。

孔明精通兵法、經歷多次戰爭，可說是無人能出其右的天才軍事家。據說當時許多敵兵一聽到孔明的名號就會驚慌失措、逃之夭夭，可見孔明指揮軍隊的實力過人。

孔明繼承了前代君主的意志，多次率領蜀國（首都位於今四川省）的軍隊，遠征北方的魏國（首都位於今河南省）。只是直到孔明壽命將盡之際，仍未能成功伐魏。而在其伐魏的過程中，他曾將打下長安（現在的西安）作為階段性的目標。

若要從蜀國最前線的漢中進攻長安，有多條路線供選擇。其中，「子午谷」是最短的路徑。若走這條路，不用花多少時間就能抵達長安。然而，孔明從未選擇走這條路。

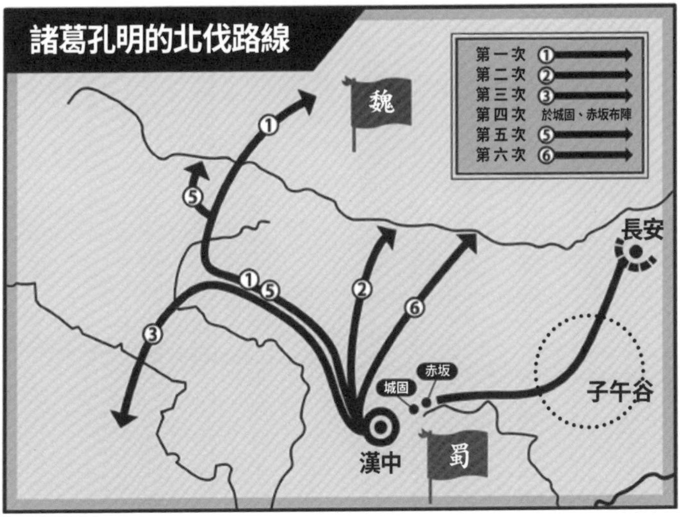

「子午谷」是從漢中到長安的最短路徑。但子午谷的地勢險要，萬一戰敗，會遭受很大損失。

孔明麾下將領曾多次提議走子午谷進攻長安，然而孔明從未點頭。孔明每次從漢中出征時，都會往西邊繞一大圈，再轉往長安。

「為什麼孔明不選擇子午谷這條最短路徑呢？」關於這點有許多說法，其中最有可能的理由是，「萬一在子午谷戰敗，我軍可能遭遇全滅，或遭受難以重整旗鼓的損失」。孔明為了避免這個「萬一」，所以沒有選擇子午谷路線。就連孔明這樣被譽為天才軍師的人，也會為了避免「萬一」的損失，而選擇對我軍更有利的征戰路線，即使這條路線與長安的距離是子午谷路線的好幾倍遠，依舊堅持如此。

最後，孔明在抵達長安前便病逝了，不過他的軍隊抵達了離長安非常近的五丈原。這裡特別要強調的是，被譽為天才的孔明，（即使知道自己大限將至，）在生前都沒有冒險走子午谷路線來進攻長安。

看到這樣的結果，或許有人會覺得，既然孔明是無人能出其右的軍事天才，那麼即使選擇有些危險的子午谷路線，只要做好防範措施，最後應該也能夠打下長安吧。

但事實正好相反。正因為孔明不會選擇子午谷這種危險的路線，所以他才會成為無人能出其右的天才軍師。

身為身經百戰的天才軍師孔明

↓ 所以

即使有些危險，只要小心一點就能達成目標

這個邏輯是錯的。

因為重視防禦，避免曝露在風險下

↓ 所以

孔明才成為了身經百戰的天才軍師

這樣想，才是正確答案。讓我們將孔明的基本戰略，具體應用在交易上吧。

次頁為二〇一二年四月至六月的 DeNA 的日線圖。

五月二日時，DeNA 股價還在二四九〇日圓，卻在黃金週突然暴跌，假期後第一天的五月七日，股價來到了跌停的一九九〇日圓。股價暴跌的原因，是由於所謂的「完整轉蛋」（complete gacha）*問題。「完整轉蛋」這種設計機制，對遊戲公司來說是很重要的課金收入來源。但在連假期間，傳出完整轉蛋可能違反了日本《景品表示法》的消息，使 DeNA 股價暴跌。

那麼讓我們來看看線圖吧。交易市場上，這看似是個極具吸引力的機會。

如果完整轉蛋實際上並不是很大的問題，那麼黃金週後第一天的五月七日，就是非常好的搶反彈時機。若是股價反彈，就會有大幅獲利。

但另一方面，如果問題比預期中更嚴重，或者是機構投資人開始拋售股票，那麼在此時反向買進，就會為你帶來巨大損失。

眼前看似是個潛在的大好機會（攻下長安），但也很有可能讓你遭受重大財產損失

*編註：原文作コンプリートガチャ，和製英語。指遊戲公司在付費隨機抽獎的機制中，鼓勵玩家收集到特定物品組合以獲得額外獎勵，藉此引誘玩家不斷投入金錢的營運手法。

◆ DeNA（東證 2432）的線圖（2012 年 4 月～ 6 月）

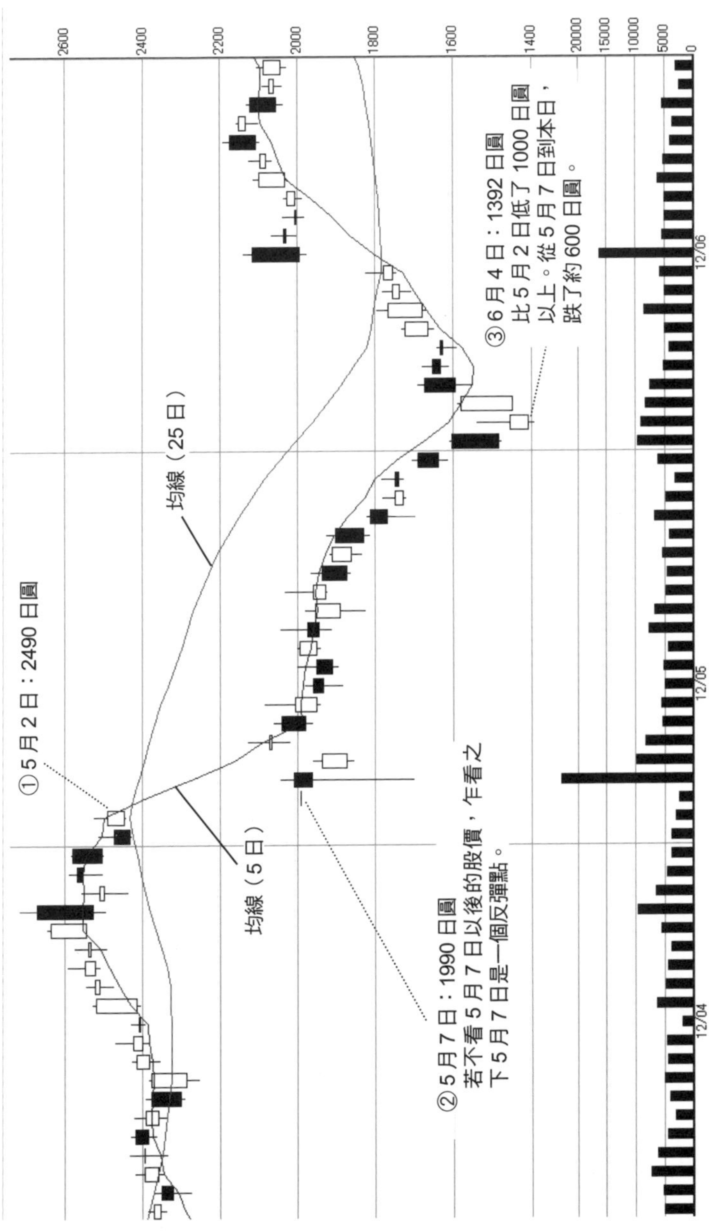

※ 若未特別說明，本書的短期均線為 5 日線，長期均線為 25 日線

（我軍全滅，無法再起）。參考孔明北伐的態度，此時應避免嘗試碰觸DeNA這種有許多專業投資人參與的股票（子午谷），而應選擇其他能穩紮穩打獲利的股票（從西方繞路的路徑），這樣的交易策略會更加穩健。

像DeNA這種走勢的股票，就交給那些對自己的手法很有自信的專業投資人操作就好；一般人、特別是初學者，還是不碰為妙。雖然報酬很高，但風險也相當高。

順帶一提，若我自己碰到DeNA這種走勢，也不會去操作這檔股票。這種走勢最可怕的地方在於，投資人可能會因為運氣

看似繞遠路，反而是捷徑。

好而獲利，且將這次獲利誤解成自己實力提升，並在下次交易中變得更加大膽。關於這點，我們將在之後第三章第十六節中詳細介紹，這裡就先簡單帶過。

由後續 DeNA 股價走勢可以知道，後來其股價進一步下跌。到了六月四日，股價甚至跌到了一三九二日圓。如果當初因為股價下跌而輕率地進場搶反彈，就會遭逢巨大損失。

孔明的基本戰略，就是把我軍（自己的資產）盡可能放在安全的位置，然後確實謹慎地一步步進軍。在高風險的情況下交易，即使碰上潛在的大好機會，如果沒有能應對萬一的餘裕，就不要投入資金，請務必記得這點。要是輕率地投資，即使連續成功十次，但只要失敗一次，就可能讓你傾家蕩產。

結論

投資的優先順序中，第一是防禦，第二才是攻擊。

2 利大於損的投資

我想各位應該都有聽過《孫子兵法》吧。《孫子兵法》是生於西元前的中國兵法家孫武的著作。直至今日，人們仍將其當成探討人類心理的書籍。本書在討論交易方法時，也會將《孫子兵法》列為參考，多次介紹其書中內容。

《孫子兵法》共十三篇，其中的〈九變篇〉就曾提到「智者之慮，必雜於利害」。

是故智者之慮，必雜於利害，（所以聰明人的考量，必然要納入可能的好處與壞處。）

雜於利而務可信也，（考慮到好處，就能確保這件事的可行性；）

雜於害而患可解也。（考慮到壞處，就能解決潛在的威脅。）

這段話的意思可簡單理解如下：

聰明的人準備要開始行動時，一定會一併考慮到獲利（優點）與損失（缺點）。

這裡的「一併」是一大重點。不管是什麼事，只要有利，就一定也有損。為了在最後得到好結果，就不能只考慮利益層面，也要一併考慮到可能的損失才行。相對的，有些情況乍看之下會有大量損失，但若能看到有利的一面，或許就能做出較為正確的判斷。

西方有句諺語叫「皮洛士式勝利」（Pyrrhic victory）。在提到《孫子兵法》中的「智者之慮，必雜於利害」時，他們常用皮洛士式的勝利來解釋。這個諺語的意思是「損失相當大，獲利卻相當少」，也是想表達「得不償失」時的慣用句。該諺語的由來可追溯至西元前三世紀末。當時，作為新興國家的羅馬曾試圖發動戰爭，想占領義大利半島南部的城邦他林敦（今稱塔蘭托）的領地。他林敦的守將皮洛士，在兩次大戰（赫拉克利亞戰役與阿斯庫路姆戰役）中，均成功擊退羅馬，可最終沒有拿到任何好處（不但精銳盡失，也未取得有利的議和條件）。

與之相反，羅馬軍透過這兩次敗戰經驗，研究了皮洛士的戰術，並在第三次交戰（貝內溫圖戰役）中，殲滅了皮洛士的軍隊。這次勝利，讓羅馬軍成功攻下義大利半島南部，最後支配了整個義大利半島。在這一連串戰役中，皮洛士曾兩次獲勝，卻什麼也沒得到。相對的，僅獲得一次勝利的羅馬，便奪取了敵方的領地。

皮洛士身為亞歷山大大帝的後繼者，曾被視為戰術天才。然而在前兩次大戰結束後，皮洛士也曾對部下這麼說。

即使我們再打贏羅馬軍一次，我們也會全軍覆沒。

每次戰爭中，皮洛士都得從希臘遠征至義大利。即使獲勝，皮洛士也意識到，我軍將士人數正在減少。歷史證明，在戰爭中如果損大於利，那麼即使獲得暫時的勝利，最後仍會滅亡。

這一點同樣適用於交易。如果一筆交易的獲利微薄，卻可能帶來巨大損失，那就絕對不能投入其中。如果多次進行這類交易，那麼最後一定會走向毀滅的道路（資產減少）。接著，讓我們來看看市場上的實際案例。

次頁為野村控股從二〇一一年七月至二〇一二年三月的日線圖。

二〇一一年七月，野村控股股價曾高達四〇〇日圓（圖中的①），後來逐步下跌。到了二〇一一年十一月二十五日，跌到了二二三日圓（圖中的②）。之後曾一度回升至二六〇日圓左右，但後來又逐漸下跌。不過，下跌幅度逐漸縮小，新年假期結束後的二〇一二年一月四日，出現了一根大紅 K 線，最近的低點是年底的二三一日圓，前一個低點則是十一月二十五日的二二三日圓，最近低點並沒有低於上一個低點。這很可能是名為 W 底的投資機會。假設我們在看到年假結束後的一月四日大紅 K 線後，於一月五日以二四七日圓的價格買進野村控股股票（圖中的③）。之所以在此時買進，是因為股價從二〇一一年七月接近四〇〇日圓的高價位，一路滑落到接近一半的價格，可能在此處形成 W 底形態，預期未來可以看到股價回升。

然而，本章第一節已說明過防禦第一的觀念。我們應先思考如何防守。在這個案例中，如果在買了野村控股股票後，走勢不如預期，會發生什麼事呢？

雖然我們期望可以看到 W 底，但股價仍可能會跌破近期低點，也就是十一月二十五日的二二三日圓。由於股價可能因為本身的震盪而跌破二二三日圓，所以我們這裡我們

◆野村控股（東證 8604）的線圖（2011 年 7 月～ 2012 年 3 月）

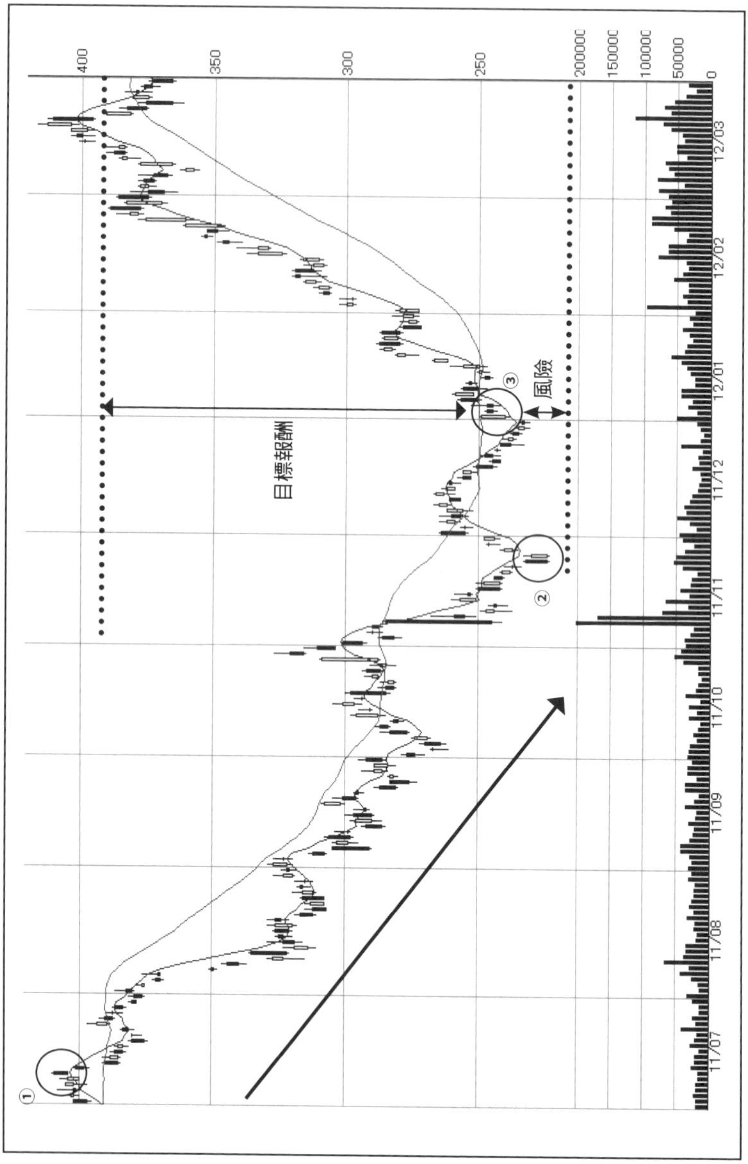

用二一〇日圓作為打破W底的依據，也就是說，若股價低於二一〇日圓就要停損。

那麼，該在什麼時候獲利了結呢？股價從二〇一一年七月的四〇〇日圓開始持續下滑。若情況良好，股價應會回到四〇〇日圓附近。若是如此，我不會把四〇〇日圓當成停利目標價，而是會將稍微低一些的三九七日圓設為目標。這是因為，許多想要獲利了結、賣股解套的人，會以四〇〇日圓這個整數價格為目標價。在這個目標價之前賣出，成功率會比較高。

接著，讓我們從《孫子兵法》與皮洛士式勝利的角度來分析這筆交易。假設我們以二四七日圓的價位購買野村控股的股

打敗老虎以獲得少量金錢，或是打敗猴子以獲得大量金錢。考慮到風險與報酬，該選哪一邊，可說是一目瞭然。

票。如果市場行情偏離預期，股價下跌至二一〇日圓時，會產生三十七日圓的損失。如果市場行情符合預期，股價會從二四七日圓上升到三九七日圓，有一五〇日圓的獲利。事實上，如線圖所示，在二〇一二年一月四日的大紅K線後，野村控股的股價雖然稍有震盪，卻和我們的預期一樣形成了W底，並逐漸回升。然後在三月十四日時，到達了目標的三九七日圓。這是一個符合預期的成功案例。

損失的話只會賠三十七日圓，獲利的話可以賺一五〇日圓。這就是利大於損的投資，也是《孫子兵法》想告訴我們的事。總之，交易時請試著「尋找利大於損的機會」。

一併考慮利（優點）與損（缺點），判斷這時候是否該進場交易，在交易時是極為重要的觀念。平時交易時，請不要忘記孫子說的「智者之慮，必雜於利害」，這便是邁向成功的一大步。

結論

僅參與利大於損的投資。

3 經驗的重要性

英國有一句諺語：

Experience without learning is better than learning without experience.

翻譯成中文，就是「有經驗而無學問，勝過有學問而無經驗」。

這句話適用於投資界的許多情況。投資教科書的內容，不一定與現實相符。有時候我們會碰到難以做出決斷的場面，這時就必須仰賴經驗。這在歷史中也是相當常見的情況。這次就讓我們用中國史來舉例。

在中國戰國時代，西元前二六〇年的長平（在今山西省境內），秦國與趙國之間有一場戰爭，史稱長平之戰。秦國兵力約為六萬，趙國兵力達四十萬。從兵力上來看，趙國有顯著優勢。但由於趙軍在戰爭初期連敗三場，於是決定避免短期決戰，而是徹底堅守城池。此時的趙軍統帥廉頗是一名經歷過許多戰役的勇將，他用兵謹慎，絕不會仗著兵力優勢而貿然出擊。這位統帥堅守城池，近兩年時間。

秦軍久攻不下，於是施展反間計，企圖讓趙國換掉原本的統帥。趙國中計之後，便將統帥換成了趙括。趙括的父親趙奢是一代名將，趙括本人也自幼精通兵法，是當時公認的兵法大家，頗富盛名。在他與父親辯論兵法時，有時甚至能駁倒趙奢。由此可見，他的兵法知識在趙國無人能出其右，是被視為兵法天才的人物。

趙括接下長平四十萬趙軍的統帥一職後，徹底改變前任統帥的防守策略。他決定憑藉兵力優勢主動出擊，打開城門與秦軍正面交鋒。然而此時指揮秦軍的將領，是被譽為天下無雙的名將白起。白起對趙括施計後，趙括完全中計敗退。儘管趙括試圖挽回劣勢，在白起面前仍舊一籌莫展，最後身中無數箭矢，戰死沙場。長平之戰至此落下帷幕，統帥戰死後，四十萬趙軍向秦軍投降。然而，秦國的白起將軍下令，除了少年兵之外，將這四十萬趙軍全數活埋。

這場長平之戰活埋了四十萬人，被認為是世界史上最大的屠殺行動。事實上，在當地一九九五年的一次發掘調查中，確實發現了大量人類骨骸。

被譽為兵法大家的趙括，為什麼會被打敗呢？

他擁有大量兵法知識，無人能與之匹敵，但一點實戰經驗都沒有。將領需了解氣候、地形、物資量、士兵狀態，再依此種種臨機應變，才能發揮出兵法的效果。而應用兵法的能力，需要在實戰經驗中培養出來。正因為趙括缺乏實戰經驗，所以在秦國名將白起面前，趙括就像小孩一樣，被打得一敗塗地。

交易也是如此。接著，讓我們來看看實際的市場案例吧。

次頁為 JEANS MATE 在二〇一二年六月至十月的日線圖。股價在一五〇日圓至一八〇日圓間波動的 JEANS MATE，於八月二十二日時大漲至二一五日圓，且交易量很大（線圖的①）。這是因為八月的月度業績狀況良好，既有店面的營收在睽違三個月

◆ **JEANS MATE（東證 7448）在 2012 年 6 月～ 10 月的日線圖**

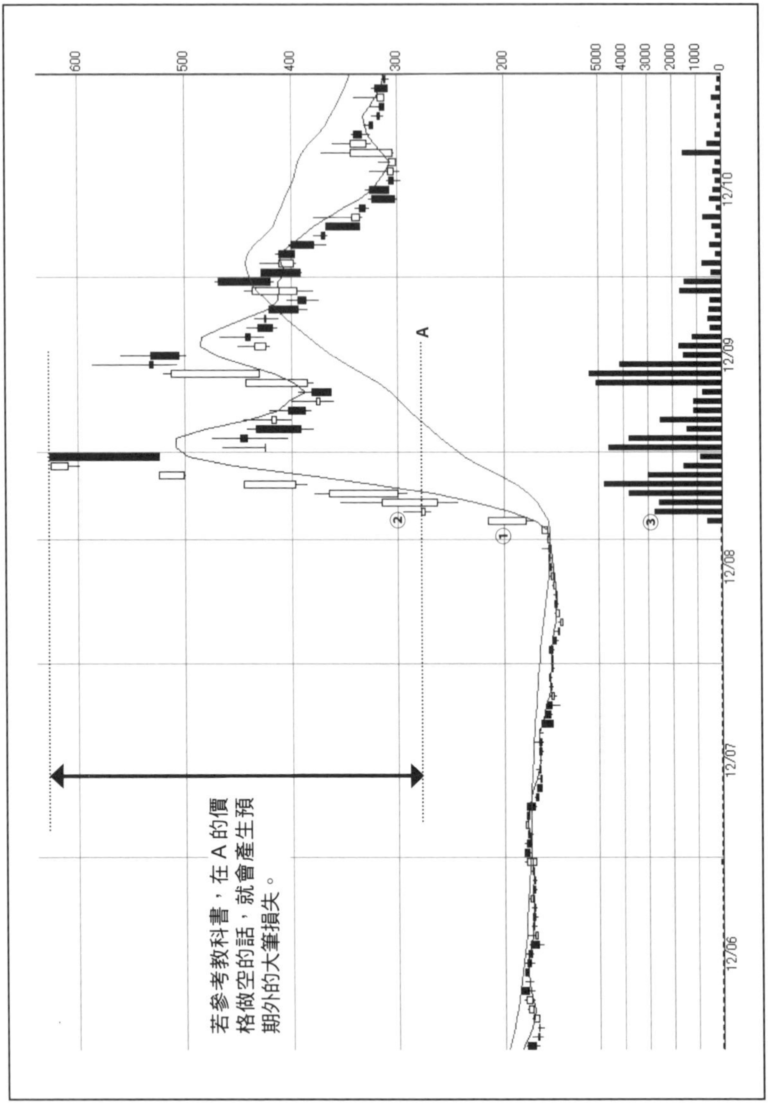

後，再次超越去年同期營收；所有店面的營收也在睽違五個月後再次增長。在隔天的二十三日，開盤時股價進一步跳空上漲（線圖的②），但收盤時在K線圖中留下了上影線。在此之前，JEANS MATE每天的交易量只有數千股至三萬股左右，二十三日的交易量卻有兩百七十一萬股，是平時的一百倍（線圖的③）。一般投資教科書通常會說，如果交易量暴增，卻留下了上影線，就表示股價到了天花板。而且，該股股價上升的理由也只有營收比去年同期高而已。一般來說會認為，支撐股價繼續上漲的題材可能稍嫌不足。若參考過去的股票投資書籍，未來股價應該會下跌，故應在此時做空（若股價下跌，便能獲利）才對。雖然這裡的交易量暴增，也可以當成是突破箱型區間的買進訊號，但這裡暫不採用這種說法。

假設我們在八月二十三日，以留有上影線的收盤價二七八日圓做空（線圖A）。到了隔天二十四日，股價跳空下跌至二六三日圓，並一度下跌至二四四日圓，但最後以超過三〇〇日圓的價格收盤。如果此時抱著「根據投資教科書，二十三日留有上影線後就應該會下跌才對，所以不應回補，而是要忍受帳面虧損繼續等待」的想法，到了八月三十日，股價會上升至最高值的六二五日圓。在二七八日圓做空，卻必須以六二五日圓買回，故損失高達三四七日圓。光是這一次投資，損失的金額就超過了原本投入的資金。這與趙括在長平之戰中損失四十萬名士兵的情況如出一轍。

即使從教科書中學習到的是正確的投資知識，那畢竟只是「大多數情況下」的結論。而無論何時何地，真正正確的，永遠是現實的市場行情。

你是否聽過「市場的事只能問市場」這句格言呢？它的意思是，市場上常發生這種理論難以解釋的現象，所以我們應該老實地順從市場走勢。在我開始從事投資活動時，也是照著教科書的方法投資，並栽了好幾次跟頭。現在我已有一定的市場經驗，雖然偶爾還是會有損失，但已不會在一次交易中損失大部分資金。

在股票市場中，有時會碰上難以說明的股價波動。應對這種情況時，經驗就顯得相當重要。有了一定的經驗，便能立刻察覺到不自然的股價波動，即使無法明確指出是哪裡不對，只要能察覺哪裡怪怪的，就可以先撤退（停損），防止重大損失。

投資會獲利或虧損，往往只是一線之隔。然這一線之隔卻如分水嶺般，將投資人們一分為二，這就是「經驗」的差異。被譽為兵法大家的趙括，若能先在經驗豐富的名將麾下，累積實戰經驗後再上戰場，他或許就有機會成為真正青史留名的大軍事家。

在投資活動裡，若以長期成功為目標，就必須了解經驗的重要性。假設你原本有五十萬日圓的投資資金，一年內投資十次，變成了四十萬日圓。帳面上的資金雖損失了十萬日圓，卻也獲得了大量而無形的經驗，**這些經驗，絕對會成為未來成功的墊腳石**。然而，許多人只看到眼前投資資金減少，認為投資不順利，進而心浮氣躁，最後採取賭博般的投資行為。過去我看過許多類似的例子，並為他們感到可惜。

經驗這種東西雖然眼睛看不到，但需要大量累積經驗這點卻相當重要，這也正是邁向投資成功的捷徑。另外，雖然前面提到「有經驗而無學問，勝過有學問而無經

經驗對投資一途而言是一種資產。如果你想在投資上做得更好，關鍵就在於累積經驗。

驗」，但這並不表示投資不需要學習。充分的經驗與充分的學習，兩者兼具，才能培養出最強的投資專家。現在的我也是每天都在努力精進自我，毫不懈怠。

結論

了解經驗的重要性。

4 將自己的精神狀態納入考慮

開始交易後，你有注意過自己的精神狀態嗎？

令人意外的是，很多人不會考慮到這一點。人類有所謂的情感（情緒）。這種「人的情感」對交易造成的影響，往往比想像中來得更大。這一點還請務必理解。

二〇一一年三月十一日，日本東北發生了嚴重的東日本大地震。人們紛紛搜刮物資，東北地方自不用說，就連關東地區的超市與便利商店，貨架上的所有商品全被一掃而空，人們陷入平時無法想像的狀態。當時我家儲備了許多水、食物、攜帶式廁所與蠟燭等，即使兩個月內不出門也沒關係。這或許是因為我長年從事投資工作，面對風險特別敏感而做足了準備。

此時，我忽然領悟到備用糧食的真正功能。當然，備用糧食顧名思義，就是當食物短缺時能拿來吃的東西，但我覺得這只是它的第二功能。事實上，備用糧食的第一功能，是讓自己不會陷入糧食匱乏的恐慌。我準備了充分的備用糧食，對糧食方面完全不擔心，自然也用不著去超市或便利商店爭先恐後。另一方面，沒有準備備用糧食的人，就會紛紛跑去超市與便利商店搶購。這是為了確保當下食物無虞而採取的行動，可以說理所當然。但如果每個人都做出同樣的行動，食物供給就會更為短缺，人們心理也更加不安，惡性循環下，這種行動便永遠沒有停止的一天。順帶一提，如果我沒有足夠的備用糧食，我想我也一定會做出類似的行動。

重點就在於，即便我們認為「萬一發生災害，只要稍微忍耐一下，就會有人來救援，所以不用太擔心」，可這也只是「平常時期」的想法。當災害真的發生，眼下已是危機迫在眉睫的「異常時期」。人類在這種情況下，是沒辦法像平常時期一樣冷靜思考的。換言之，平常時期與異常時期的思考方式，無法相提並論。這種「人的情感」十分重要，在歷史上許多重要場面中，這可說是決定天堂或地獄的分水嶺。讓我們透過一個代表性的歷史事件來說明這點。

日本平安時代末期，在今日靜岡縣的富士川，源氏與平家曾在此交戰，史稱「富士川之戰」。治承四年（一一八〇年），平家完全處於劣勢。依照鎌倉時代的史書《吾妻鏡》記載，此時源賴朝的兵力達二十萬人。《平家物語》則記載，平家的兵力一開始約有七萬人。打從戰事之初，平家在兵力數量上已相當不利。更可怕的是，此時西國*發生了大飢荒，缺乏糧食使軍糧難以為繼，軍隊士氣相當低落。而且，平家與源賴朝的軍隊交戰時，還聽到源氏軍隊說「就算是父母或孩子去世，坂東武者（關東的軍隊）也會奮勇向前。即使有兩百名京城武者，也敵不過十名坂東武者」，讓平家的士氣更是低落。

在這種狀況下，源氏軍隊的武將向平家軍隊發動奇襲，將馬趕入富士川的淺灘。棲息在富士沼的大批水鳥受驚嚇而一齊飛起。平家軍隊大為驚恐，陷入混亂，有些士兵還沒來得及拿起武器就慌忙逃跑、有些人騎錯了別人的馬、甚至有人騎上栓在樁上的馬原地打轉。難以收拾的混亂局面持續一陣子後，平家的人馬終於開始撤退，但已潰不成軍，雖然撤退到如今的靜岡縣西部，但已無法重整隊伍，只能一路逃回京都。

當初平家軍隊是為了殲滅源賴朝的勢力而來到靜岡縣的富士川，不僅沒有達成目的，在富士川甚至沒有好好打上一戰，就被水鳥拍動翅膀的聲音嚇得一團亂。

在這場富士川之戰中，平家的敗北固然有許多原因，但除了兵力數量與戰略之外，「人的

*編註：泛指日本西部，此處指平家勢力範圍的關西近畿一帶。源氏的勢力則在關東。

心理」也可說是敗北的原因之一。人在心境平穩時，以及陷入恐慌時，行動會天差地遠。交易時也一樣，讓我們透過具體的市場案例來討論這個現象。

次頁為永旺永樂從二〇一二年六月至十月的日線圖。股價高點曾超過一八五〇日圓，但在九月後逐步回落。雖然在一七〇〇日圓附近曾一度回穩，但十月五日後股價持續向下突破，並急速下跌。下個交易日（十月九日）時，進一步大跌，十日時下探至最低點的一四七三日圓。假設我們在六月時，以一七五〇日圓附近的價格買進永旺永樂的股票（線圖的A），那麼該怎麼應對這種情況呢？

從結論來說，當股價完全跌破一七〇〇日圓這個重要支撐價位，並繼續向下突破時，就要馬上停損，不能猶豫，因為隨時可能會出現大幅下跌的黑K線。以這個永旺永樂的狀況為例，我會設定一六八〇日圓為停損點（線圖的B）。由於股價本身有一定波動，所以將停損點設在略低於一七〇〇日圓的價位較為合適。這個案例中，股價在十月向下突破之前，已於九月二十四日觸及停損線（線圖的①），所以我會在此時撤退

◆ 永旺永樂（東證 9787）的線圖（2012 年 6 月～ 10 月）

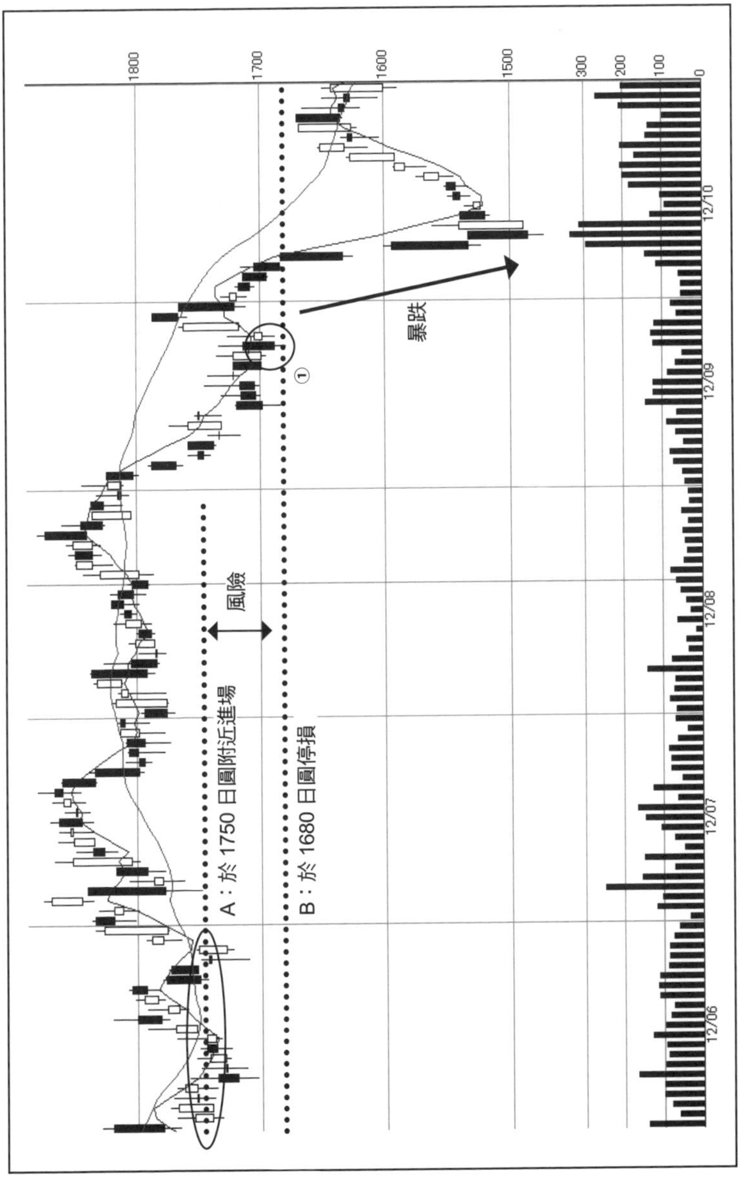

（停損）。雖然股價在之後出現一定程度的反彈，可能會讓人後悔停損，但賣都賣了也沒辦法。即使股價曾一度反彈，最後仍在賣壓影響下，於十月再次向下突破。就結果而言，於一六八〇日圓停損是正確的策略。

這裡要強調的是，應該在出現大黑 K 線之前，盡早撤退（停損）。一旦大黑 K 線出現，要在如此低價位的地方停損，將會是件很痛苦的事，人們可能會產生一些自我合理化的想法，譬如不自覺地安慰自己「可能之後會稍微反彈吧？」之類的。在永旺永樂這個案例中，如果在十月五日出現大黑 K 線時，抱著「應該會反彈」的心情繼續持有，那麼在下一個交易日（十月九日），就會看到進一步大跌的股價。而當連續兩個交易日大跌時，又會更加強化「這下總該反彈了吧？」這種自我感覺良好的想法。但在下一個營業日的十月十日，股價再次大跌。這次投資人終於受不了了。投資人的腦被「股價該不會就這樣一直跌下去吧？」的恐懼感支配，於是不再管股價高低，任意拋售股票（停損）。然而，投資人的停損價格往往是股價的最低值，停損後就開始反彈。我過去就經歷了無數次這種情況。

之所以會有這種情況，是因為一開始人們可以冷靜思考問題（平常時期），但是當股價下跌加速時（異常時期），被恐懼感籠罩的投資人就會陷入恐慌。人們一旦被恐懼控制，就無法考慮其他事情，只會想著如何逃離。結果就是，投資人會在線圖中黑K下影線的端點附近，即近期最低點賣出股票。雖然從機率上來看，這個時間點不應賣出，但因為投資人害怕損失擴大，便紛紛拋售股票。

這裡要注意的是，我的意思並不是說「出現大黑K線時不應停損」。因為出現大黑K時，股價還可能進一步下跌，所以在那時停損也無可厚非。最重要的是，要能夠預測自己的心理狀態，如果認為自己之後會陷入恐慌，就不應繼續持有股票。

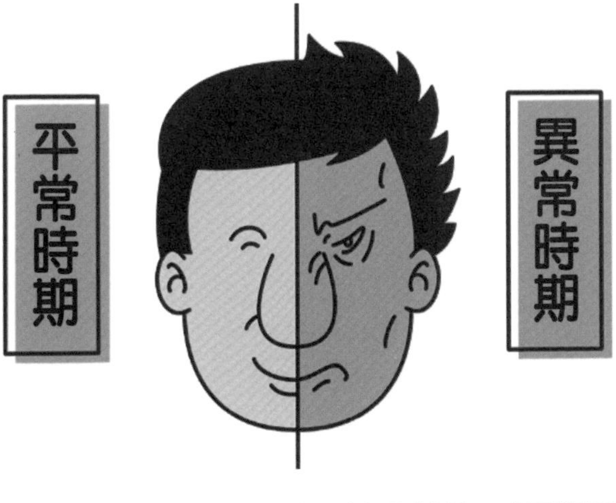

平常時期的自己與異常時期的自己。雖然兩者都是「自己」，但兩者只是外表相似，本質上卻有著根本的差異。

即使是平常能做出正確判斷的人，在他無法保持冷靜（異常時期）時，犯下重大錯誤的機率也會大幅增加。因此，在能保持自身冷靜的範圍內交易，才是明智的選擇。具體來說，就是要在平常時期就試著觀察自己，若自己以某價格買進股票，那麼，當未實現虧損達到什麼程度時，自己會開始恐懼？這樣之後投資時，就能在股價跌到「可能會引發恐懼的價格」之前，盡快脫手。也就是說，要在自己陷入恐懼（異常時期）之前，仍能冷靜思考的「平常時期」就果斷停損，才能避免重大損失。

投資金額的大小也是一樣。不要一開始就投入無法讓自己保持冷靜的大額資金。只有讓投資金額維持在能讓自己保持冷靜的範圍內，才能做出正確的判斷。

從源氏與平家的富士川之戰這個案例可以看出，當自己無法保持冷靜時，就很有可能失敗，請牢記這一點。在投資活動中，精神狀態比想像中還要重要得多。根據我的經驗，我可以斷言，只要將自身的精神狀態納入考量，就能大幅提升投資的精準度。

結論

人類在平常時期與異常時期的思考方式有很大的不同。戰鬥（交易）時，需盡可能讓自己保持平靜的心情（平常時期）。

5 千萬不要投入可能損失所有資產的投資活動

若是長期從事投資活動，有時總會遇上難得一見的獲利機會。雖說是獲利機會，卻也不一定真的能獲利。既然說是機會，就表示有一定的風險。獲利機會往往隱含著各式各樣的可能性，就我個人而言，在判斷是否投入資金時，會有一個明確的優先順序。我會在遵守這個優先順序的條件下，去投資某個獲利良機。詳細內容將在第五章第二十八節中介紹，不過在此之前，讓我們先從歷史偉人的行動中學習，來了解這優先順序中排名第一的項目。這一次，就從被譽為「越後之虎」的上杉謙信的故事，來探討這個問題。

永祿四年（一五六一年），越後的上杉謙信率領上杉軍一萬三千人，與來自甲斐的武田信玄所率領的武田軍兩萬人，在川中島（今長野縣北部）激戰，史稱第四次川中島之戰。

兩軍隔著千曲川對峙一段時間後，武田信玄趁著黑夜，派出一支一萬兩千人的奇襲部隊，攻擊上杉軍所在的山丘。然而，謙信提前察覺到了這個計畫，於是決定在武田的奇襲部隊繞行山路時，趁機襲擊留守的八千武田軍，其中也包括了信玄的本陣。為確保武田的奇襲部隊無法輕易返回，謙信還派出一支部隊堵住他們的回程路線。另一方面，謙信也考慮到被擊敗的可能，命直江兼續率一千五百人在北方的犀川待命，確保退路。

之後，謙信以車懸之陣，攻擊信玄本陣的八千武田軍。在謙信的猛烈攻勢下，武田軍只能被動防守。此時，武田的一萬兩千人奇襲部隊得知奇襲被謙信識破，便打算急忙

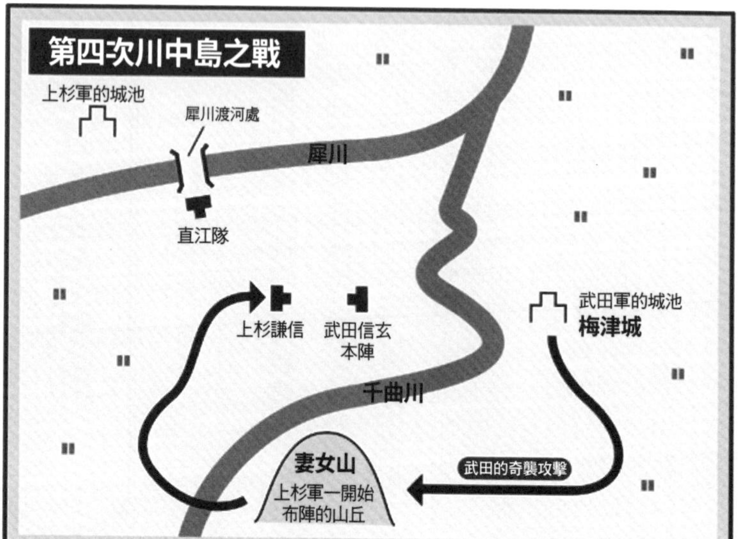

重點是將退路交給最強部隊（直江隊）鎮守。

返回，救援信玄本陣。卻因謙信安排的部隊封鎖了回程路線，使武田奇襲部隊難以返回支援。

在這段期間，上杉軍攻勢十分猛烈。在這樣的攻勢下，信玄有許多厲害的家臣接連戰死，包括軍師山本勘助與其他重臣，甚至連武田軍副將武田信繁（信玄的弟弟）也不幸陣亡。謙信見武田軍副將戰死之後，下令對信玄本陣發動總攻擊。此時，信玄的親信與負責傳令的旗本眾（主君直屬護衛隊）都不得不加入戰鬥，身邊已無護衛的信玄，幾乎成為謙信軍的囊中之物。

就在此時，武田一萬兩千人的奇襲部隊終於突破謙信的封鎖，回到主戰場。謙信見狀，立刻下令全軍撤退。因為他知道自己在腹背受敵的情況下，已不可能取勝。在武田的奇襲部隊加入戰鬥後，上杉軍便成了撤退的一方。武田軍趁勢追擊，回敬之前的猛攻，斬殺了上杉軍的大量士兵。

最後，第四次川中島之戰成了一場極為慘烈的戰役。兩軍共三萬兩千人中，有兩萬七千人傷亡，占了所有士兵的八成以上。這是日本戰國史上最為激烈的戰役之一。就結果而言，第四次川中島之戰是武田軍的勝利，但武田軍同樣損失慘重，信玄更是差點命喪於此。這也讓人覺得，就戰事內容而言，或許謙信還技高一籌。接下來，我們就從謙信的角度，分析他在第四次川中島之戰的報酬與風險。

在預期報酬方面，若是能擊殺信玄，謙信將可掌控信濃（今長野縣）、甲斐（今山梨縣），成為擁有壓倒性實力的霸主，之後的發展更是難以想像（這裡姑且不討論謙信是否有擴張領土的野心）。與此相對的，在風險方面，若是武田軍奇襲部隊回歸戰線，謙信軍就可能面臨武田軍前後夾擊而全軍覆沒。當謙信得知奇襲部隊的一萬兩千人已趕回時，即使信玄的首級已近在眼前，謙信仍果斷選擇撤退。顯然，這是因為謙信認為，避免全軍覆沒是最優先、最重要的事。另外還有一個重點，那就是謙信將直江隊的一千五百人安排在退路上待命。從結果來看，如果讓上杉軍中最強的直江隊參與攻擊信玄本陣，或許有很大機會可以砍下信玄的首級，不過謙信刻意讓直江隊於犀川的渡河處待命。這是因為，一旦犀川渡河處被武田軍占據，便會完全封鎖住上杉軍的退路，全軍覆沒的機率將大幅上升。最後，直江隊成功守住犀川的渡河處，阻擋住武田軍的追擊，讓上杉軍各部隊可以成功撤退。回顧歷史上許多戰役，要用少數兵力阻擋士氣高昂且數量為好幾倍的敵軍，那是相當困難的事。在精銳輩出的上杉軍中，也只有直江隊可以完成這個艱難任務。

謙信顯然是算到這點，才讓直江隊於犀川渡河處待命。由此可以看出，比起進攻，謙信更在乎的是要避免全軍覆沒。一般認為，謙信是徹底的決戰主義者，所以有人認為他在第四次川中島之戰中，選擇破釜沉舟地一搏。但由他的實際行動看來，這個說法並不成立。實際上，謙信是將全軍覆沒這個最大的風險擺在了第一位，在避免這個風險的條件下，去試圖獲取最大的報酬，也就是取得信玄首級。雖然謙信最後敗北，但影響最後勝負的關鍵，僅為相當微小的運氣差異。接著，讓我們來看看投資市場的具體案例。

次頁為奧林巴斯於二〇一一年九月至十二月的日線圖。十月時，其股價一度高達二五〇〇日圓，卻在十月中旬開始暴跌，於十一月十一日時跌至最低點的四二四日圓。這是因為時任社長的邁克爾・伍德福特（Michael C. Woodford）遭到解任，以及奧林巴斯的財報窗飾行為曝光等原因。

由線圖可以知道，股價在十月二十四日時來到低點的一〇二二元左右後，曾一度出現反彈跡象。在奧林巴斯股價暴跌的前一天，十月十三日時，高盛證券在給投資人的報告中，將奧林巴斯的投資評等從三個等級中的「中立」提升至「買進」，並預測未來兩年的目標價為三八〇〇日圓。此外，二〇一一年三月的季報顯示，合併營收高達

◆奧林巴斯（東證 7733）的線圖（2011 年 9 月～ 12 月）

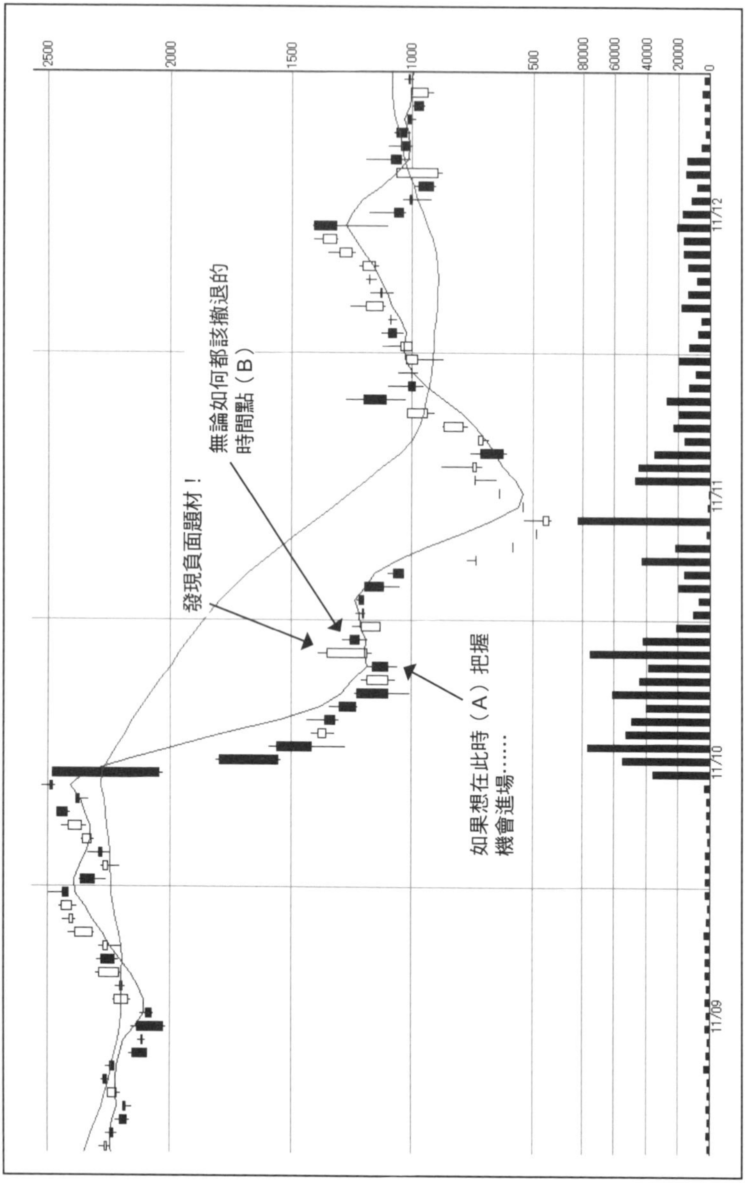

八千四百七十一億日圓。在消化道內視鏡的市場中，奧林巴斯擁有超過百分之七十的市占率，是一家備受期待的企業。

然而，在短短的十多天內，股價便跌至一半以下。對投資人來說，此時該思考這是否會是一個重要的投資機會（光是因為股價便宜就買進，並不是值得鼓勵的事）。

假設我們在十月二十六日時，以一一〇〇日圓買了奧林巴斯的股票。如果股價從此時開始反彈，可以有很大的獲利。然而，隔天十月二十七日的《日經新聞晚報》提到，日本證券交易等監視委員會正在調查奧林巴斯過去的 M&A（併購）交易，檢視該公司有價證券報告書等「公開資訊」是否合乎規定（事前也有相關報導，但這裡不討論）。

這並不是小事。此時奧林巴斯已有可能涉及違規的跡象。在投資過程中，若碰到與違規有關的事件，必須特別謹慎才行。因為這種情況通常表示事件中隱藏著難以預測的問題，一旦問題浮出水面，股價可能會無底線地下探。即使技術分析層面的線圖型態良好，在這種狀況下都沒有意義。這時候絕對不能靜觀其變。這就像是發現武田的一萬兩千人奇襲部隊返回時，謙信立刻下令撤退一樣，是必須迅速逃離的情況。

十月二十六日購入的股票，應在二十八日早上毫不猶豫地賣出。從線圖來看，這種情況可能會獲利，但即使虧損，也必須果斷逃離。這是因為，**任何可能造成資產完全消失、或者縮水一半的投資，都絕對不能參與**。這是最優先事項。若是資產完全消失或是縮水一半，投資人不僅會因為資產減少而備感痛苦，就連投資的熱情與夢想也會因此被摧毀殆盡，許多人更是會因為這樣而徹底遠離投資活動。所謂的投資，應該是要在反覆的輸贏之間逐步累積資產。如果因為一次運氣不佳，就讓投資生涯戛然而止，那便失去了投資的初衷。

接著，奧林巴斯的股價進入了一段整理期。到了十一月八日，股價跳空並再次大幅下跌。因為當天早上奧林巴斯發表聲明，承認「自一九九〇年代起，公司曾多次延後計入有價證券投資相關的損失」，並表示「未來將透過第三方委員會查明真相」，使投資人紛紛轉為觀望態度。

最後，調查結果指出奧林巴斯確實有違規事項，未來可能出現更多股價的負面題材。於是與奧林巴斯合作的金融機構，開始考慮修改該公司的融資條件。到後來，奧林巴斯甚至有下市的風險，並被列入監管名單。對於投資人而言，這是相當恐怖的局面。其股價在十一月十一日達到四二四日圓的最低點。假設在十月二十六日時投入所有資產，以一一〇〇日圓買進奧林巴斯的股票，且一直沒有賣出。如果是信用交易的話，資產可能會全數蒸發；即使是現金交易，也可能會損失超過一半的財產。

這種情況下，可能有人會說，如果繼續持有奧林巴斯的股票，之後股價仍可能回到原來的水準。但就像本章第四節所提到的，人類會受到恐懼心理的影響。根據我過去的經驗，恐懼心理達到最高點的時刻，通常也是股價達到最低值的時刻。投資人很有可能在股價最低點時，因恐懼而拋售股票。

當交易有可能導致資產完全消失、或者縮水一半時，應立即撤退。如果事前已知

請務必避免處處透露出「全滅」氣息的投資（交易）。

有這種風險，更應該避免參與這類交易。這類案件，之後往往會接連不斷傳出負面消息，導致技術分析等方法失去作用。舉例來說，一旦股票被列入「監管名單」，即使股價再怎麼低，也可能因為某些機構投資人需要機械性賣出股票，產生無法用一般邏輯解釋的股價暴跌。在這類高風險案例中，股價下跌的速度通常可能是正常情況的兩倍甚至更快，故需特別注意這種潛在危險。

結論

可能會讓資產完全消失或縮水一半的交易，務必避免。

6 看清大局

在持續投資的過程中，不可避免地會遇到各種不同的情況，有時股價波動劇烈，有時股價平穩。所以在面對形態多變的市場時，如果自己的投資方法始終如一，有時可能會奏效，但也可能會遇到不奏效的情況。

舉例來說，假設有個棒球投手能投出一百六十公里的直球。但若他始終只投一百六十公里的直球，不久後就會被打者識破而掉分。在棒球比賽中，根據當下情況投出適合的球路，才是最佳策略。「根據情況調整行動」在歷史上也是極為重要的作法。本節讓我們從歷史的教訓來探討這個主題。

本章第一節中，以三國時代諸葛孔明的戰略為例，探討他對防禦的態度。而在本節中，將試著分析孔明最大的對手——司馬懿的戰略。

孔明多次北伐魏國（首都位於今河南省），司馬懿則是魏國的軍事指揮官。司馬懿自年輕時期便才華出眾，在人才輩出的司馬家族中，司馬懿被認為是最優秀的人物。甚至連吳國（首都位於今江蘇省）的皇帝孫權，都曾稱讚司馬懿說「司馬公善用兵，變化若神，所向無前」，可見司馬懿的厲害之處。

然而這位被譽為天才的司馬懿，在與孔明的主力軍對決時，始終未能徹底戰勝孔明（局部戰爭除外）。孔明步步為營，逐步侵蝕魏國的領土與勢力。多次交戰後，司馬懿逐漸制定出一項特別的戰略。那就是不要試圖擊敗孔明的軍隊，而是專注於防守魏國。一般來說，當敵軍侵入國境時，會為了保衛國家而以擊潰敵軍為目標。然而，司馬懿深知自己在與孔明的對抗中難以取勝，因此果斷選擇全面防守。

無論是司馬懿的部下，還是魏國內部的官員與將領，都對司馬懿這樣的策略不滿，對其口誅筆伐，甚至罵他是「膽小鬼」。即使如此，司馬懿依然龜縮在城內，堅守不動。如此一來，即使是才智過人的孔明，也無法對毫不行動的魏軍制定有效的作戰計畫。最後，因為司馬懿堅守城池、持久抗戰，孔明終在北伐途中病逝。

值得特別一提的是，即使是被譽為天才的司馬懿，在勝算不高的情況下，也會像烏龜一樣，徹底專注於守城（防守）。後來遼東（今遼寧省大連附近）發生叛亂時，他又率軍擊潰了兵力數倍於己的叛軍（攻擊）。另外，當魏國內部發生權力鬥爭時，他以生病和年邁為由躲在家中，表面上看似隱退，甚至在前來探望的權力鬥爭對手面前，裝成無能的老頭（休息）。

司馬懿時而防守，時而進攻，時而休息，可根據情勢靈活應變。他曾留下「軍事大要有五」的名言如下。

「能戰當戰，不能戰當守，不能守當走，

可以依照周圍狀況改變自己的人，才能留到最後。

餘二事惟有降與死耳。」（能作戰時就奮戰，無法作戰就防守，守不住就逃。剩下的，就只有投降與死亡兩條路了。語出《晉書・帝紀第一》。）

投資和這完全一樣。勝算很大時，應果斷進攻；當勝算不足時，應以防守為主；當勝算極低時，則應暫時退出市場觀望。若不曉得該怎麼辦，可以將資金交由投資信託代為管理（交給他人決定，可算是廣義上的「投降」），或者選擇破產（相當於「死亡」）。

司馬懿的精神傳承給了他的子孫，最終由他的孫子司馬炎建立了晉朝，使歷經百年戰亂的中國再度統一。如果能像司馬懿一樣準確把握大局，距離偉大夢想的實現也就不遠了。

結論

掌握目前交易市場的大局。看是要攻擊、要防禦、要休息，還是要交給他人決定。

第二章

能停損的人
才能掌控投資行爲

7 了解自己擅長、不擅長的部分

當我被問到「如何在投資活動中取得成功」時，如果只能用一句話回答，我會說「能否成功，取決於停損的時機」。在投資活動中，停損這個行為不僅極其重要，也是最困難的部分之一。

假設以三十萬日圓買進的股票，下跌至二十五萬日圓，理論上這時應果斷停損才對，但實際上這並不容易做到。正如本書之後會提到的，「**人們傾向往對自己有利的方向思考**」。當股價下跌時，投資人往往會認為這只是暫時的波動，不久後價格就會回升到原來的水準。此外，若在停損後股票價格迅速回升至三十萬日圓，投資人可能會感到極度懊悔，認為自己不應停損。這種心理讓停損變得更加困難。

本節讓我們試著從歷史的教訓中，學習投資人永遠的課題——停損。

第一章中，我們已介紹過的三國時代諸葛孔明的故事，這次仍是以他為主題。相信有不少人已透過小說或漫畫讀過《三國演義》。這些作品將孔明描繪成了一位毫無缺點的完美人物。

然而根據史實（雖然有多種說法），現實中的孔明有一個非常大的缺點，那就是「不擅長應對情勢變化」。有傳說認為，他其實缺乏臨機應變能力。

但孔明厲害的地方，就在於他的缺點也能成為我們學習的對象。據說孔明相當了解自己的缺點，所以在「應對情勢變化」的方面，從不勉強自己。有一句關於孔明的評語流傳至今。

「夫能知所短而不用，此賢者之大也。」（了解自己的弱點並避免勉強行事，正是賢者的偉大之處。語出袁準《袁子正論》。）

讓我們試著將孔明的這個教訓應用到交易中。過去我收到過的提問中，最常見的便是以下這個問題。

執行停損時，最好要用什麼作為基準呢？可以用百分比或升降單位數決定嗎？還是不同情況下有不同的決定方式？這實在讓人非常困擾。

從孔明的教訓來看，我認為答案是「因人而異」。正如孔明的例子所示，每個人在不同領域中，都有擅長和不擅長的部分。如果你發現「自己在過去的實戰中，明明在某些時候應該要停損，卻總是無法做到」，那麼這就是你的弱點。在這種情況下，我建議你設定一定的百分比或升降單位，「機械性」地執行停損。另一方面，如果你發現自己能夠根據情況靈活停損，就代表你相當擅長臨機應變。在這種情況下，可自行衡量停損時機，也可自行衡量停利（將上漲的股票賣出以實現獲利）時機，進一步提升你的利潤。

不過，不擅長的領域，並不代表一輩子都不擅長。經歷過許多經驗、學習過許多理

不論何事，以自己最擅長的方式來做，才是最佳解。

論後，不擅長的領域也可能變成擅長的領域。因此，我們需要了解現在的自己不擅長的領域，謙虛謹慎地行動。若能客觀看待目前的自己並採取行動，總有一天，不擅長的領域也會變成擅長的領域。

結論

客觀看待自己，以決定停損的方式。

8 覺得「這次不一樣」，就是滅亡的開始

在投資活動的過程中，「停損」是最重要，同時也是最深奧的行動。我甚至認為，能將停損做到極致、完美的人，在現實生活中或許並不存在。停損就是那麼神祕的事。

在第八節中，我們將以日本戰國時代的故事為例。當時的仙台領主伊達政宗，在面臨危機時，他的重臣片倉小十郎景綱曾對其進言。讓我們透過這個故事，來學習「停損」的正確觀念。

天正十七年（一五八九年），伊達政宗消滅了會津的大名蘆名氏這個伊達家的宿敵，勢力如日中天，支配的領地範圍已達奧州（日本東北地方）六十六郡的一半，約三十多郡。政宗試圖藉著這個氣勢，將勢力擴展到整個奧州。然而，此時的豐臣秀吉已經以上方（京都附近）為中心，掌控了日本國一半以上的領土，並開始將勢力往東擴展。

豐臣秀吉決定討伐關東小田原的北條氏，同時也下令奧州的伊達政宗參與討伐小田原。此時的豐臣秀吉身居關白高位，對政宗而言，他非得接受這位關白的命令不可。

然而，勇敢無懼的伊達政宗並未立刻接受豐臣秀吉的命令。雖然政宗已成為奧州的霸主，但他尚不了解關白秀吉的實力有多強大。在政宗忽視關白秀吉命令之際，秀吉已開始向小田原進軍。秀吉行動迅速，使政宗錯過了參與討伐小田原的機會，於是有了乾脆與秀吉軍一戰的念頭。政宗將這個念頭告訴了伊達家的一門宗族（親戚）與老臣，伊達家大部分家臣也下定決心，準備與秀吉決戰。

然而此時，被譽為伊達家第一智將的片倉小十郎站出來強烈反對。據說他這樣勸諫政宗。

蒼蠅這種東西，即使再三驅趕，依然會再度聚集過來。

他說，秀吉率領的是一支大軍。就算能勉強擊退一兩次，也無法多次擊退如此強大的勢力。

聽到片倉小十郎的勸諫，政宗採納了他的建議，放棄與秀吉決戰，而是前往關東請求秀吉原諒。

如果當時政宗沒有聽從片倉小十郎的建言，那麼伊達家很可能早已滅亡。讓我們從政宗的這段教訓，來看看市場上的類似觀念。

次頁為夏普從二〇一〇年十月至二〇一二年十月的週線圖。

由線圖可以看出，不論在哪時候買進，都會產生未實現虧損。假設你在二〇一〇年七月上旬左右，以九三〇日圓的價格買進股票。股價會在約一個月內處於上下震盪的盤整狀態，但到了八月中旬，股價會向下突破。若無其他資訊，僅以這張線圖判斷，應在股價向下突破時停損，這是基本操作原則。

雖然這是基本原則，但正如本章第七節所述，血肉之軀的人類會被各種情感干擾，試圖為不停損尋找各種理由。如果選擇不停損而繼續持有，到了二〇一一年二月中旬時，股價將短暫回升並超過了當初的買進價九三〇日圓。若此時賣出持有的股票，不僅可以避免損失，甚至可能獲得些許利潤。

然而，這只是運氣好而已。股價只是在各種偶然下短暫回升。

當股價回到買進價時，若立即賣出，至少不會賠錢。但面對這種情況，血肉之軀的

◆夏普（東證 6753）的線圖（2010 年 10 月～ 2012 年 10 月）

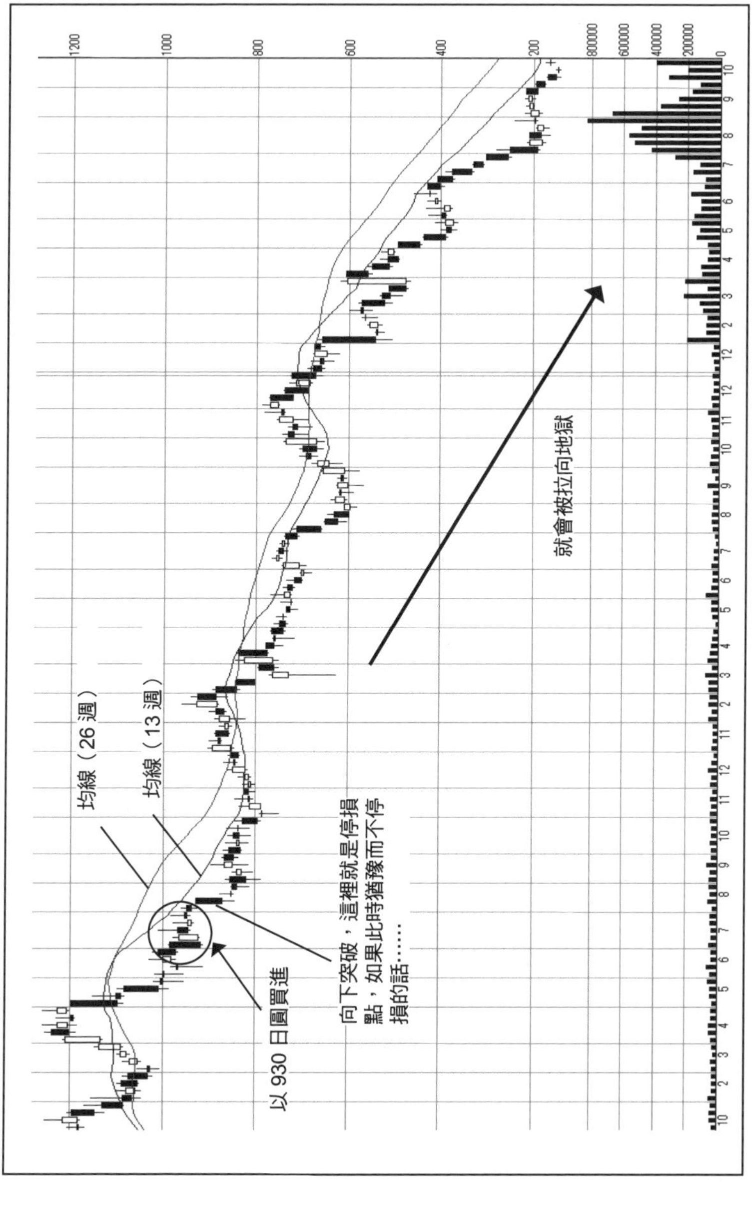

人類往往會產生以下這種想法。

「人們應該會重新評估夏普的股價，使股價反轉上漲吧？」

這種想法並不奇怪，畢竟投資人希望自己在二〇一〇年七月買進夏普股票是一個正確的行動。但如果因為有這樣的想法，使自己沒有在二〇一一年二月立刻賣出夏普股票，後果會如何呢？

到了隔月，也就是三月，股價已跌至六二六日圓的低點。之後，股價雖一度回升至八四〇日圓，但到二〇一二年十月，股價已跌破一五〇日圓。

交易過程中，市場走勢常與自己的預期不符，產生未實現虧損。既然市場表現與預期背道而馳，理論上來說，停損才是正確的行動。然而，人性中的弱點常讓人抱有「股價說不定會回升並扭轉局勢」的僥倖心理，這正是人類的天性。

這種情況與本次提到的歷史故事，伊達政宗未能即時參與討伐小田原的情境類似。或許伊達政宗可以成功擊退一、兩次豐臣秀吉的強大軍勢。就像夏普的股價在二〇一一年二月中旬，曾一度回升到買進價九三〇日圓以上。但如果豐臣秀吉的大軍接連來襲，伊達政宗就無法長期抵擋。到了二〇一二年十月，夏普的股價已跌破一五〇日圓。這正是片倉小十郎所說的「夏日的蒼蠅」。伊達政宗或許能僥倖脫離一、兩次危機，但若危機反覆出現，最終勢必全軍覆沒（資產大幅縮水）。就像趕走蒼蠅一樣，即使暫時解決，也會不斷遭遇相同的問題。這裡我說的不是「可能」會全軍覆沒，而是肯定地說「確實」會全軍覆沒。

如果今後你打算繼續參與交易活動，需了解到這種情況就像夏日的蒼蠅。碰上第一次危機時，就應該果斷停損，才是最佳

猶豫是否要停損時，請回想起那些揮之不去的夏日蒼蠅。

策略。

即使是投資老手，有時也需要有人在關鍵時刻推你一把，告訴你應該要停損。這個時候，請回想起片倉小十郎提到的夏日蒼蠅。

結論

如果不停損，即使一兩次僥倖成功，最終還是會失去所有資產。

9 贏太多的恐怖

在停損的過程中，有各式各樣的陷阱在等著。稍不留神，就會在不知不覺中掉入這些陷阱。這些陷阱曾讓歷史上許多偉大人物栽跟頭。本節中，讓我們再次從歷史人物的教訓中學習。

這次的主題將聚焦於甲斐國的武田信玄，以及他的兒子武田勝賴。讓我們透過這對父子的對比，說明本節的主題。就像你所知道的，武田信玄是日本戰國時期的名將，以「風林火山」為旗印，統一了現在的山梨縣、長野縣、靜岡縣、群馬縣等地，率領著被稱為戰國最強的武田軍團，建立了一大勢力，成為著名的戰國大名。接替信玄的是其子武田勝賴。然而，勝賴卻因為長篠之戰的慘敗等因素，勢力大幅衰退，最終讓武田家滅亡，成為一個帶有悲劇色彩的武將。

武田信玄從一個小小的甲斐國（現在的山梨縣）發跡，拓展出廣闊的版圖。武田勝賴則繼承了這片廣大領土以及最強的武田軍團，最後卻失去了一切。因此，勝賴常被認為是導致武田家滅亡的愚將。但實際上，他被認為是一位非常優秀的武將。雖然不及信玄，但勝賴仍然有著非凡的才能。那麼，這對父子之間的關鍵差異究竟在哪裡呢？

現代普遍認為，武田軍是戰國時期的最強軍團。但在當時，許多人對信玄率領的武田軍印象並不是常勝軍團，而是不敗軍團。德川家的家臣大久保彥左衛門在《三河物語》中，對武田軍的評價就提到了這點。由此可以推測，信玄經常採取穩健的戰略，即使無法取勝，也確保自己不會輸。

那麼勝賴又是如何呢？記載了武田家故事和軍事學的《甲陽軍鑑》，將勝賴視為「過於強大的統帥」*代表。織田信長也曾致信上杉謙信，警告他勝賴是一位不可輕視的人物。而德川家康有長達九年的時間，一直被勝賴壓制，並極力避免與他單獨對決。勝賴甚至還攻下了連信玄都無法奪取的德川軍堅固城池高天神城。由此可見，勝賴是一位極具實力的大將。

經歷多次戰役後，勝賴決定與織田信長進行決戰。但這場戰役（長篠之戰）並非一場穩贏的戰爭，而是極具風險的賭局。勝賴明知織田信長軍擁有大量火槍，且兵力是武田軍的兩倍以上，卻仍選擇迎戰。結果，織田軍以三千把火槍與絕對的兵力優勢大勝勝賴，導致武田家走向滅亡的開端。為什麼勝賴會冒險與信長開戰，參與這場極其危險的賭局呢？

武田軍在當時幾乎被視為不敗軍團，很少在戰爭中失敗。人類即使理智上知道事情的風險，也難免在某些情況下變得自信過度。正因為長期不敗，使武田軍選擇挑戰一支裝備更先進、兵力是自己兩倍以上的敵軍決戰。這一次的慘敗，也導致了武田家走向滅亡的道路（至於武田家的經濟問題、家族內部矛盾等諸多因素，在此處且略去不談）。

許多投資交易活動也與這個情況相似。當我們從事長期投資時，常會經歷一段連勝時期，連自己都感到不可思議。我自己也多次體驗過這種事，當時的愉悅心情真的筆墨難以形容，連酒的滋味都格外美好。但從我的經驗來看，這種格外美好的感覺往往持續不了太久。

在我的經驗中，連勝之後，交易損益便會明顯惡化。舉例來說，二〇一二年七月二十七日是個我至今難以忘懷的日子。當時的演算法交易（由電腦系統進行的自動交易）仍在充滿挑戰市場中占據主導地位。那個月我的交易表現相對良好，收益穩定上升。在我的眾多交易部位中，

＊編註：《甲陽軍鑑》中提出四種會導致亡國滅家的統帥類型，分別是「過於愚笨」、「過於聰明」、「過於軟弱」與「過於強大」。

日內交易部位（當日沖銷部位）在一個月內將實現一百萬日圓（依當時匯率計算，約三十八萬新臺幣）的獲利。相較於投入的資金，這可說是相當可觀的獲利。

由於那個月的交易幾乎沒有輸過。我在不知不覺中因為自己的表現而得意洋洋，直到七月二十七日這一天。當天早上股市開盤後，我選擇操作的標的是愛德萬測試（東證6857）。那天，愛德萬測試的股價大幅下跌，我在預期股價即將反彈時買進。但事情並未如我所願，愛德萬測試的股價完全沒有止跌跡象，反而加速下跌。

如果是平時的我，通常會在損失達到二十萬日圓左右時果斷停損，從市場上撤退，

連戰連勝的背後，往往隱藏著意想不到的炸彈（＝無法停損）。不要因為「我的判斷應該是正確的」這樣的想法而變得自負。請養成「一旦市場走勢與預期不符時，便果斷停損」的習慣。

這次的我卻猶豫不決。後來股價下跌的速度繼續加快，就像無底洞般持續崩跌。

到最後，我感覺自己已經到了極限，不得不下定決心忍痛停損。就在股價大暴跌且尚未反彈之時，我終於停損。當損失金額顯示出來時，我簡直不敢相信自己的眼睛。僅僅是一次幾分鐘的交易，我就損失了超過一百萬日圓。

原本預計七月份的日內交易部位（當日沖銷部位）會有約一百萬日圓的盈利，結果卻在一瞬間損失了超過一百萬日圓。這樣的結果讓我無比懊悔，卻也不得不接受這個事實。在我終於接受這一大筆損失之後，當天我花了不少時間深刻反省。這次巨額損失的原因，就在於七月份的交易表現過於順利，讓我放鬆了警惕，導致自己在關鍵時刻無法果斷停損，最終在短短幾分鐘內承受了超過一百萬日圓的巨大損失。

我們在第一章中曾提到，投資是一個勝敗交替出現的過程。也就是說，我們不可能一直贏下去。經歷連勝之後，隨著順風轉為逆風，交易的結果往往會朝著與預期相反的方向發展，這就是機率的收斂效應。面對逆風時，如果能像平常一樣小幅度停損，那便是理想的投資行動。因為在連勝期間已累積了足夠的獲利，只要在機率收斂時將損失控制在小範圍內，你仍可保留可觀的利潤。然而，**連戰連勝帶來了一個顯著的副作用，那就是讓人更難下定決心停損**。這種情況會導致過晚停損，使原本在連勝期間累積的利潤大幅縮水。最糟糕的情況下，投資人會因為無法停損而步上武田勝賴的後塵，從市場上消失。

在交易中，懂得適度接受失敗是非常重要的事。那些在失敗時**能輸得漂亮的人，才是真正的頂尖投資人**。若總是贏得太過順利，反而會逐漸失去退場的勇氣。因此，我們應該從歷史教訓中吸取經驗，謹慎面對市場。

結論

在連戰連勝之後，會出現更難以停損的副作用。

10 理論正確卻與現實不符

在第二章中，我們討論了停損過程中的各種現象。本節中，我們將介紹「明明是正確的理論，卻與現實不符」的相關案例。江戶時代初期，豐臣家在德川家面前處於壓倒性劣勢。讓我們透過這個例子，探討正確理論與現實的落差。

一五九八年，當時的天下人豐臣秀吉去世。其繼承人是他的親生兒子豐臣秀賴。然而，由於秀賴年幼，自然無法親自處理政務，為了統治天下，只能依賴豐臣家臣中有力大名的力量。在這些有力大名中，實際掌握權力的是五大老之一的德川家康，以及五奉行之一的石田三成。秀吉去世兩年後，家康與三成之間爆發了關原之戰，並由家康取得勝利。

一六〇三年，德川家康被任命為征夷大將軍，成為了實質上的日本統治者。但此時豐臣秀賴仍然在世，天下的大坂城依然健在。從豐臣家的立場來看，德川家康仍只是豐臣家的臣下。

一六一四年，豐臣家與德川家之間爆發了戰爭，即大坂冬之陣。在戰爭爆發前，家康曾考慮過豐臣家存續的可能性，並提出條件，要求豐臣一族搬遷到大和郡山城，離開象徵天下的大坂城。然而，豐臣秀賴與其生母淀君拒絕了這一提議，因為理論上，豐臣家是主家，而德川家則是臣下。

最後，於一六一五年大坂夏之陣中，豐臣家大敗，豐臣秀賴與淀君也一同自盡，豐臣家從此滅亡。當然，現代與過去的價值觀和文化大不相同。在當時，「寧可失去性命也不要失去名聲」的觀念被視為理所當然。但若從現代的角度看待這一事件，可以得出一個教訓，那就是「無論理論多麼正確，都應以現實情況為優先」。

在投資交易中，這一教訓特別適用於某些特定情況，譬如證券公司系統故障。證券公司系統故障指的是，在交易時，即使投資人已透過網路，點選按鈕下單，但由於證券公司伺服器的問題，訂單未被受理之類的技術障礙。

雖然與以往相比，證券公司系統故障的發生率已下降不少，但這種情況至今仍有可能發生，某些證券公司甚至很常遭遇此類問題。

我個人現在已不再使用容易故障的證券公司系統做交易，故幾乎不會遇到這類問題。但在過去，我曾遇過多次系統故障。舉例來說，有時候當我買進某支股票，接著要進行反向交易結算時，卻遇上了系統故障而無法完成結算。

若能及時結算的話應可獲利的交易，卻因為系統故障而無法結算。時間一直拖著，股價也在快速波動，原本的獲利變成了未實現虧損。我採取了正確的行動執行交易，本應獲利，卻因為證券公司的系統故障，反而蒙受了損失。

在這種情況下，投資人的憤怒會達到頂點，衝動地認為這些損失應由證券公司賠償。然而，證券公司不一定會因為系統故障而賠償。雖然投資人在某些情況下可能會得到補償，但大多數情況下，假設不會獲得補償可能是比較保險的想法。然而，當時的憤怒往往使人一廂情願地認為自己是正確的。

這種情況下最可怕的結果就是，因為「認為自己是正確的」，而選擇不實現未實現虧損，最終演變成無法挽回的重大損失。我聽說過多起這樣的案例，最糟糕的情況下，系統故障可能直接導致投資人資產完全耗盡。

本書多次提到，人們總是希望相信自己的行動是正確的。而在本節的例子中，不只想法正確，行動本身也是正確的。然而，因他人的失誤而導致損失，這種情形特別讓人難以做出停損行動。

我也多次經歷過類似情況，所以非常理解這種心情。但正如豐臣家的例子所示，不管你的理論根據多麼正確，都必須面對現實，冷靜地考慮應對措施。

針對系統故障，我個人的應對方式可以歸納為兩點。

第一是修正心態。具體來說，我學會了將「這家證券公司偶爾會系統故障」視為「理所當然」。若以「系統故障絕對不應該發生」

理論上，被比自己年輕的上司批評會讓人感到不愉快。但從現實來看，作為部下，必須服從上司的指令。正確的，永遠是現實。

為前提，故障發生時會讓人無法接受。但若從一開始便能認為，這是一家以低廉手續費提供證券交易服務的「物美價廉」的公司，那投資人就能在故障發生時，保持冷靜與理性，去處理系統故障問題。如果你追求完美的交易體驗，那麼透過電話聯繫營業員的傳統證券交易方式幾乎是無可挑剔的選擇（除了某些例外）。而使用網路券商交易時，必須認知到其本質上並非完美，這點相當重要。

第二則是將交易分散在不同的證券公司之間。假設你在某家券商持有部位（股票），若該券商發生系統故障，便可使用另一家券商進行反向交易。當然，某些有借券限制（放空限制）的股票就無法這麼做，但多數情況下，分散交易券商可以有效應對這類問題。

此外，在進行這些操作時，心裡頭可能會閃過「不想支付額外手續費」的念頭。然而，若平時已享受低廉的交易成本，就應該接受偶爾的額外支出。只要事先將這些視為理所當然，應對起來就不會感到困難。

正確的理論與根據固然重要，但更重要的是如何處理眼前的現實。為此，保有靈活的思考方式是非常重要的事。

重申一次，本節描述的是以下情況：「你採取了正確的交易策略，理應獲利，卻因他人的失誤而虧損」。在自己判斷出錯時，停損已非容易之事；更不用說自己判斷正確，卻因他人的問題產生虧損時，停損就更難了。在這種情況下，**難以停損會讓自己陷入相當危險的情況**。是否能接受這樣的虧損，是一個需要再次確認的重點。

結論

比起堅持自己的正確理由，面對眼前的現實更加重要。

11 不要固執己見

即使是交易經驗豐富的老手，停損仍是一件極其困難的事。為了更能及時做出「停損」的決定，累積市場經驗，培養能合理化「停損」行為的邏輯，對投資人來說便顯得特別重要。歷史上有一些偉人懂得不過度執著於「當下」，最終終獲成功。我們可以從這些人物身上，學習到停損（暫時退避）的重要性。

這是西元前六五〇年左右，中國春秋時代的故事。當時，晉國（位於今山西省）國君晉獻公有許多子嗣，難以決定該選誰作為繼承人。這些子嗣包括太子申生和公子重耳，這兩人都非常優秀。另外，國君相當寵愛一位妃子，驪姬，她也育有一個兒子奚齊（其餘子嗣省略）。

晉獻公從某個時候開始，傾向讓他寵愛的驪姬之子奚齊成為繼承人，而驪姬也希望自己的兒子能繼承王位。為此，驪姬散播關於原本的繼承人申生的惡毒謠言，試圖在臣子與百姓間抹黑太子的名聲。

不僅如此，驪姬還策劃了一項計謀。她暗中在太子申生準備獻給國君的食物中下毒，企圖讓國君誤以為太子要暗殺他。晉獻公為此大為震怒，派兵討伐太子申生，最終申生自盡而亡。看到這一切後，太子的弟弟重耳認為自己的性命也危在旦夕，於是毅然捨棄自己的國家晉國，逃往他國避難。

在逃亡的歲月中，重耳經歷了無數艱難困苦，輾轉流浪於諸國之間。十九年後，他因緣際會回到晉國，成為新一任國君，史稱晉文公。登基之後，他又經歷了多場戰爭與種種挑戰，最後成為春秋時代的霸主之一，擁有能召集諸侯商討天下大事的權威。

在交易活動上，這個故事也可給我們一些啟示。我們來看看具體的市場案例。

次頁為NTN在二〇一二年三月至十月的日線圖。

在二〇一二年三月，NTN的股價超過了三五〇日圓，但從四月起開始持續下跌。

◆NTN（東證 6472）的日線圖（2012 年 3 月～ 7 月）

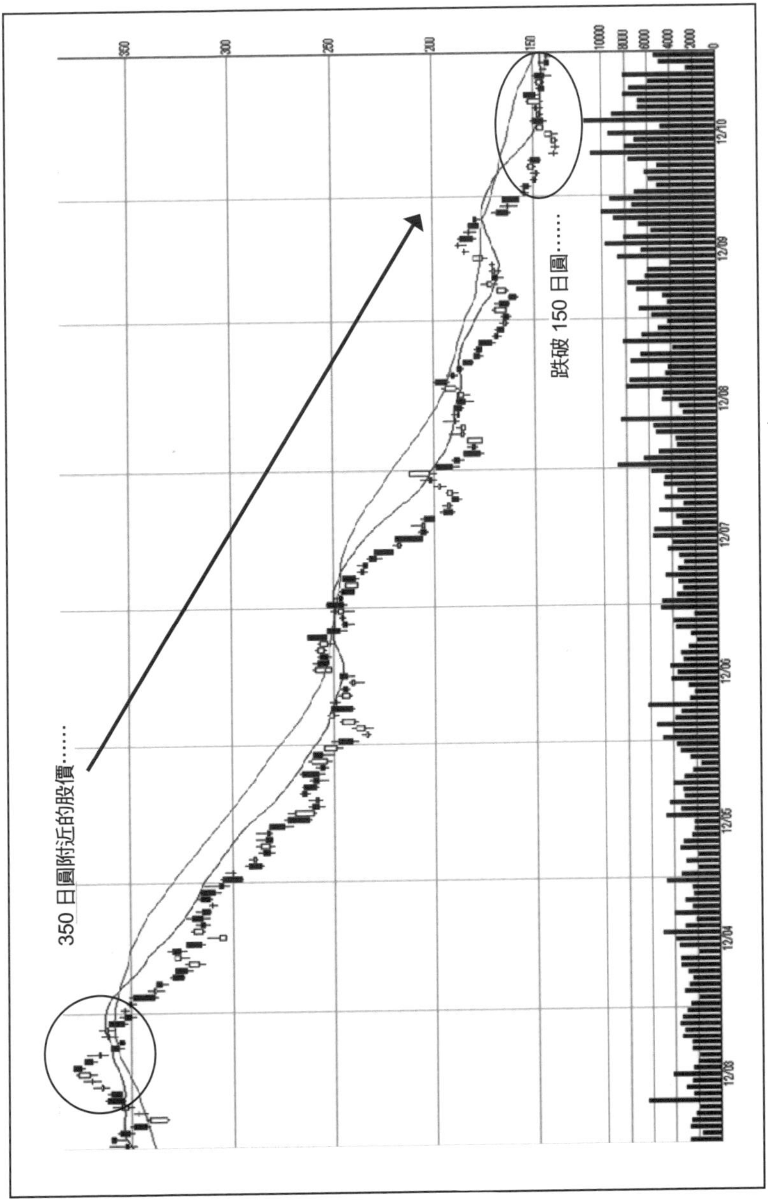

如果一個交易者執著於持有這支股票，會發生什麼事呢？

同年十月，NTN的股價跌破一五〇日圓，已不到當初股價的一半。過去曾有一段時期，人們主張「長期投資才是最佳策略」，但這已不適用於現今的時代。若是在經濟高速成長的年代，長期持有或許是合理的策略，但在現今，若基於薄弱的理由執著於某一個標的，可能會碰上NTN這樣的情況。當發現某檔股票沒有按照自己的預期漲跌時，應放下執念，迅速將目光轉向其他有潛力的投資標的，這是相當重要的事。

回到重耳的故事，在兄長申生自盡後，重耳或許可以選擇向身為國君的父親控訴驪姬的罪行，並爭取其他家臣與宗族的信任與支持，與驪姬派系對抗。從「重耳能否成為晉國的繼承人？」的角度來看，逃離晉國這個選項或許不容易被家臣與宗族接受。但若選擇與驪姬派系對抗，重耳很有可能被殺害。一旦性命不保，一切都將結束。

因此，重耳選擇了「延續生命」而非「爭奪繼承權」的道路。**他並未固執於繼承權，而是選擇先暫時避開危險**，結果後來反而登基成為國君。從後來的結果來看，選擇逃亡似乎是理所當然的，但從重耳當時的立場和當下所掌握的資訊來看，這是一個極為艱難的抉擇。

交易亦是如此。我們應該試著比較「可能獲利（成為繼承人）」與「可能產生鉅額虧損（慘遭殺害）」的利害關係。如果某一筆交易可能帶來不可承受的損失，應選擇暫時撤出市場，才是英明的決策。

重耳在諸國流亡期間，也流傳著以下有趣的逸事。

重耳流亡期間曾受到楚成王的接待與庇護。某日，這位國君問重耳：

如果你有幸能回到晉國並成為國君，你會送我什麼樣的禮物來報答現在我對你的照顧呢？

名為「固執」的枷鎖，會讓身體動彈不得。

重耳的回答如下。

萬一我們的軍隊與國君你的軍隊交戰，且我方占了上風，那麼我軍將退讓三舍（九十里）的距離，以示感謝。

當時的重耳身無分文，無家可歸，沒人認為他「能返回晉國」，更別說成為國君了。楚成王也不相信，因此對重耳的回答大笑不止。楚成王的臣子甚至認為重耳的言論「極其無禮」，氣得怒火中燒。

然而，後來重耳真的返回晉國成為國君，並在某次與楚國軍隊交戰中占據壓倒性優勢。此時重耳決定遵守當初的承諾，退避三舍。

重耳在流亡期間歷經種種磨難，但這些困難反而成為他成長的契機，最後登上了春秋霸主之位。這是諸國國君夢寐以求、卻只有極少人物能達成的目標。

交易亦是如此。即使在某次交易中因為停損使資產減少，也可視為如同重耳流亡期間累積的寶貴經驗。只要保持正確的投資心態，努力學習與改進，就有機會再次翻身。

選擇停損而不執著於當下，累積正確的經驗，才是通往成功的道路。

結論

不執著於當下的交易。停損就是以退為進。

12 紀律與實踐

在第一章第二節中，我們提到過《孫子兵法》的內容。而在這第十二節裡，就讓我們來聊聊《孫子兵法》的作者孫武的逸事。需要先了解的是，孫子的「子」字用在這裡，是一種對老師的尊稱，意為「老師」。因此，孫子就是孫老師的意思，孫武是他的本名。

故事發生在中國的春秋時代，大約是西元前五一五年左右，孫武為吳國效力時。當時吳國的國君名為闔閭，以下稱他為吳王。吳王的一位部下向他推薦了一個人，也就是孫武。孫武當時已經完成十三篇兵法，而這部兵法書引起了吳王部下的注意，因此向吳王舉薦了孫武。吳王讀了孫子的兵法後十分驚嘆，立刻決定要試試孫武的能力。

吳王召見孫武後，給他出了個難題，要求孫武「用宮中的婦人來演示指揮軍隊的樣子」。

孫武同意後，吳王很快召集了宮中一百八十名美女。孫武將這些美女分成兩隊，並任命吳王的兩名寵姬為各自隊伍的隊長。隨後，孫武詳細說明了以戰鼓發出指令時，該做出什麼動作，比如向右轉、向左轉等。

說明結束後，孫武敲響戰鼓，發出命令「右！」「左！」，然而兩名寵姬以及一百八十名美女卻笑成一團，把這場訓練當成遊戲。孫武見狀後表示，命令已說明得相當清楚，宮女卻無法執行，這是隊長的責任，並決定處決兩名寵姬。

此時，在臺上觀摩的吳王連忙制止道：「沒有她們兩人，我吃不下飯啊，請不要處決她們。」然而，孫武嚴肅地回答：「在軍中，哪怕是君命，也有不從的時候。」於是，孫武真的處決了吳王的兩名寵姬。

隨後，孫武迅速選出新任隊長，再次敲響戰鼓下達命令。這一次，一百八十名宮中美女完全不敢嬉鬧，命令她們右轉，她們馬上右轉；命令她們左轉，她們馬上左轉，動作乾淨俐落。孫武在極短的時間內，將這些宮中美女訓練成如臂使指、運用自如的士兵。

接著，孫武邀請吳王走下臺來檢閱這支隊伍。吳王因寵姬被殺怒不可遏，打算轉身離去。於是孫武對著吳王說了一句話。

「大王只喜歡兵法的理論，卻無法付諸實行啊。」

吳王雖因失去兩位寵姬而悲傷不已，卻也對孫武的才能有了極高的評價，任命他為吳國的大將軍。成為大將軍的孫武率領吳國軍隊攻陷了鄰近大國楚國的都城，震懾了北方諸國，讓各國見識到吳國的可怕之處。

要讓軍隊強大，首要條件就是紀律嚴明。孫武與吳王寵姬的這段故事恰恰表現出，正是因為嚴格遵守紀律，才能讓軍隊變得強大。

在交易中也是如此。首先，**認知到人性本身相當脆弱，這點相當重要**。與自身情感對抗的行為，往往讓人覺得痛苦，例如主動接受損失並停損，對每個人來說都是難以接受且充滿痛苦的事，最後往往難以果斷停損。然而，如果讓情感主導交易，就無法適時停損，最終幾乎可以百分之百確定投資會以失敗告終。

這時候，紀律就顯得相當重要。在本章第七節「了解自己擅長、不擅長的部分」中，我曾提到，擅長衡量停損時機的人可自由選擇停損時機，不擅長者則應採用機械化的方式停損。

如第七節所述，對於不擅長衡量停損時機的人，可以根據一定百分比的反向走勢或特定的升降點數變化，「事先」設定機械化的停損時機，這是最理想的方式。至於擅長衡量停損時機的人，本節將進一步補充相關內容。

擅長衡量停損時機的人，依據當下情況自行判斷停損時機是最理想的方式。然而，即使是擅長衡量時機的人，也需遵守一定的紀律。這是因為即使對時機的衡量相當熟練，也不應超出一定範圍。無限制地放大未實現虧損，並非明智之舉。

正如之前提到的，認知到「人性本質是脆弱的」這點相當重要，對於擅長衡量時機的人也同樣適用。衡量時機能力再強，也須設立清楚的限制線。這是因為在投資中，絕對要避免「全滅」（失去大半資產）。正如我們在第一章第五節中提到的，絕對不能因為一次運氣不佳，就讓投資徹底失敗。

至於我個人，交易時基本上是自行衡量停損時機，因為這是我的強項。然而，我也設立了明確的限制線作為紀律。我的紀律是，當損失超過資金總額的百分之十時，我就會機械性地停損。

至此，我已說明了紀律的重要性。接下來，我們來探討如何將這些重要的紀律真正「付諸實行」。

在孫武的故事中，孫武曾對吳王說「大王只喜歡兵法的理論，卻無法付諸實行啊」。這句話的意義深遠。即使我們已將理論理解透徹，若無法真正實行，那麼這些理論便毫無意義。只有透過實踐，才能讓這些紀律發揮出真正的效果。

理解停損的重要性，與實際執行停損，是屬於不同層次的問題。就像吳王一樣，雖然理解理論，但真正執行時卻相當困難。我們應該先認知到，這兩者之間的距離其實相當遙遠。

過去我常被問到與執行停損相關的問題，其中一個典型問題如下。

如果停損之後股價立刻回升，這算是失敗的停損嗎？

先說結論，這不是失敗的停損。停損是正確的行為。停損之後，股價只是因為某些偶然因素而回升。正如我在第三章第十六節中提到的，投資時不能僅以結果來判斷事情。最重要的是**在結果出現之前，基於機率判斷**。即使股價在停損後意外回升，這也已經是另一件事，不需要再去糾結。這種情況在我自己的交易中，每個月可能發生數十次，已是再正常不過的事情。如果因此感到困擾，反而無法果斷停損。**重要的是，與其考慮股價是否會回升，不如專注於當下**

停損的執行。

累積越多投資經驗積後，小額停損也會變得越來越容易。接下來需要面對的問題，就是如何處理大額停損了。

前面提到，衡量停損時機能力較強的投資人，應該設置限制線；而在執行停損的過程中，「限制線」這個關鍵字極為重要。同樣的，我也建議衡量停損能力較弱的投資人設置限制線。我將這條限制線稱為最終防衛線。因為一旦突破這條線，資產可能遭受嚴重損失，使所有投資被迫中止。最終防衛線是一條必須死守（停損）的底線。

然而，當股價來到最終防衛線時，停損所造成的虧損金額會相當大。以我為例，我的投資總額約為一億日圓，並將最終防衛線的停損金額設定為一千萬日圓。此時，是否能坦然接受一千萬日圓的停損，將會是個考驗。

那麼，如何有效執行大額的停損呢？雖然沒有百分之百正確的答案，但可以採取一些措施來提高執行的可能性。

人們在平常時期與異常時期的思考方式截然不同（參考第一章第四節）。因此，建議在平常時期，就試著想像當股價來到最終防衛線時的情況，模擬停損行動。

對我來說，我能明確想像失去一千萬日圓的情景，並進一步假設如果當時未能果斷停損，未來將會面對更大的風險。這種風險會在我腦中轉化成一幅畫面。我會想像前方是一個巨大的懸崖，不只是我自己，連我的家人、愛車、房子以及所有擁有的一切，都將掉落崖底。透過這種具體的想像，我可以幫助自己在關鍵時刻做出停損決策。

「如果不停損，將會面對比失去一千萬日圓更嚴重的損失。」透過想像這種可怕的情境，我可以向自己強調停損的重要性。這種方法讓我在股價萬一到達最終防衛線時，更能夠勇於停損。另外，在這種情況下，我還會避免去考慮「如果不停損，股價可能會回到原點」這類多餘的想法，而是專注於想像從懸崖墜落的情景，讓其他一切念頭從腦中消失。

以上只是我個人的例子，並不一定適用於所有人。重點在於，提前構思一個具體的情景，提醒自己如果不停損，未來可能會面臨更為糟糕的情況。這個方法看似愚蠢，但在現實中，人類在面對從未想像過的極端情境時，往往容易犯下嚴重的判斷錯誤。為了避免這種情況，我們需要在平常時期，就模擬異常情境的發生。這與防災訓練的意義相同。即使平時能夠輕易執行小額停損，但當面臨逼近最終防衛線的大額停損時，就需要一定的覺悟才行。因為與日常的小額停損相比，大額停損需要付出數十倍的心理力量才能做出決定。因此，提前進行腦中模擬與準備，是相當重要的事。

順帶一提，自從我成為專職投資人以來，我從未觸及過最終防衛線。這是因為我擁有豐富的投資經驗，能在到達那條線之前就果斷停損。我也有足夠的自信，認為自己未來也不會觸及最終防衛線。但在投資的世界裡，一切都有可能發生。重要的是，你要認知到「投資本來就是這樣的世界」。

為了讓交易取得成功，設立明確的自我紀律，並檢視這些紀律是否具備可執行性，是通往成功的關鍵。

雖然本章各篇全都在討論防禦，但在投

模擬一個情景，譬如「如果不停損，將會發生無法挽回的最糟糕事態」，可以幫助自己更容易執行停損。

資過程中，防禦其實就是最大的攻擊。所以表面上談的是防禦層面，實際上也是在討論攻擊的層面。

結論

設定紀律，並定期進行模擬訓練，確保紀律的執行。防禦就是最大攻擊。

第三章

邁向成功投資人的階梯

13 失敗爲成功之母

這次要介紹的，是德川家康在與武田信玄的三方原之戰後所獲得的教訓。

元龜三年（一五七三年），武田信玄率領的兩萬七千人大軍與德川家康率領的一萬一千人軍隊，於今日的靜岡縣濱松市激烈交戰。這場戰爭中，不僅雙方兵力有明顯落差，武田信玄麾下還有號稱戰國最強的武田騎兵軍團，所以許多人都認為家康毫無勝算。

果然，戰鬥一開始，武田軍便投入他們引以為傲的騎兵隊，迅速擊潰家康的軍勢。德川軍各部隊接連敗退，最後連家康本隊也潰不成軍。武田軍的士兵迅速逼近家康身邊，連家康身邊的旗本眾也陸續遭擊殺。

家康奮力逃命，回過神來才發現跟隨他的家臣只剩下寥寥數人。武田軍即將追上，家康已面臨絕境，陷入極度的恐懼。然而，就在這千鈞一髮之際，三河（德川家的領地）忠心耿耿的家臣們捨命相救，保住了家康的性命。

鈴木九三郎搶下家康的采配（指揮軍隊的道具），高喊：「我就是家康！」隨後衝入敵陣壯烈犧牲。原本負責守城的夏目吉信得知家康陷入危機，帶領二十名士兵趕來援救，同樣為了掩護家康而擔任替身，英勇犧牲。

在這些忠誠家臣的犧牲下，家康奇蹟般地逃回了城中。據說當時家康因極度恐懼，竟然在馬上失禁了。

回到城中後，家康召來一位畫師，命他將自己這次狼狽不堪的模樣繪製下來，這就是著名的「德川家康皺眉像」（しかみ像）。這幅皺眉像至今仍保存完好，現由德川美術館收藏，並不定期公開展出。

據說家康請畫師繪製這幅畫，是為了警惕自己，因為他的錯誤判斷而使許多忠心耿耿的家臣犧牲，自己也差點戰死。直到老年，他都將這幅畫作為自我反省的象徵帶在身邊，時刻提醒自己切勿驕傲。

後來，家康在「關原之戰」中奪得天下，據說他正是借用了三方原之戰中信玄的戰略才獲勝。家康沒有讓這些忠臣的犧牲白費，而是從那次失敗中，汲取了比失敗本身更深刻的教訓。

投資的過程中，失敗無可避免。有時，失敗會讓人頭腦一片空白，甚至連呼吸都成了一種負擔。在成為專職投資人之前，我也曾遭遇重大損失。說來令人羞愧，但我當時確實流下了眼淚。那時的我連續兩天食不下咽，絕望情緒徹底占據了我的腦海。

不過，那時的我想起了家康的皺眉像。正因為有失敗，才能從中學到寶貴的經驗。為了不讓自己忘記那次失敗，必須將其化為教訓，我為自己創造了一句格言。這句格言至今仍然是我投資理念的核心，在此與大家分享。

投資中沒有絕對。當你覺得「應該是這樣吧」的時候，時常並非如此。而你覺

對你來說，你的「皺眉像」會是什麼模樣呢？

得「不可能吧」的事情，反而常會發生。

正是因為這句源自自身失敗的格言，我才能時刻提醒自己不要過度自信，對那些「不可能吧」的事情也能保持警惕。這份謹慎幫助我在二〇〇八年雷曼兄弟事件發生時，迅速察覺異常，在發生「不可能吧」的情況時，仍能將其轉化為獲利的契機。

時至今日，因為有這句格言，我在面對停損時也能保持輕鬆的心態。也因此，我才能持續當一名專職投資人。回首過往，那次讓我流下眼淚的大額損失，對我來說是個不可多得的經驗。即使到了現在，我幾乎每個月都會有數次失敗的投資。那些令我懊悔得咬牙切齒的日子並不少見。然而我深信，每一次失敗都能促使自己進一步成長。只要能從失敗中汲取教訓，它便不再是單純的失敗，而是成功的墊腳石。

結論

思考失敗的原因，將其化為教訓。

14 多方面學習

先讓我們來看一則發生在西元前二九〇年左右、出自中國歷史的著名故事。這個故事發生在齊國（今山東省），主角是被譽為戰國四公子之一的孟嘗君。

孟嘗君非常有人望，他收養了三千名食客（流浪者與門客），每位食客都有某種特別出色的技能。食客一般多為學者或武藝高強之人，但其中也有技藝高超的竊賊或模仿高手等等。當時的孟嘗君收養了許多一般認為沒資格成為食客的人，於是許多學者與武者等傳統食客，都在背地裡說孟嘗君壞話，因為他們不想與這些竊賊和模仿高手同列。

某一次，秦國的國君秦昭王聽聞孟嘗君的名聲，邀請他到秦國作客並盛情款待。秦王很快看出孟嘗君不是平凡人，心想若讓此人回到齊國，日後可能成為威脅秦國的隱患。秦王於是下令，派兵包圍孟嘗君及其隨行人員的住處，阻止他們返回齊國。

感覺生命受威脅的孟嘗君，試著請求秦王寵愛的妃子幫忙說情，希望能夠獲得秦王的赦免。那位妃子同意了，但條件是要給她某件寶物。然而，這件珍寶已被孟嘗君獻給秦王，收藏在防守嚴密的寶物庫中，要想再拿出來是件天大的難事。

此時，孟嘗君想起自己的一名食客是一流的竊賊，於是請這位竊賊幫忙。這名竊賊果然技藝超群，成功潛入寶物庫，偷出了寶物。孟嘗君將寶物送給妃子後，妃子依照約定向秦王進言，請求秦王解除對孟嘗君住處的包圍。秦王因寵愛妃子而無法拒絕，立即命令解除警備。解除包圍後，孟嘗君與隨行人員立刻啟程，趁著秦王尚未改變主意，迅速返回齊國。

逃離秦國的途中，他們來到一座關卡，卻因為當時是深夜，關卡大門已經關閉。根據規定，必須等到清晨聽到雞鳴聲，才能打開城門。但若等到天亮，秦王很可能會改變心意，派人追捕他們。正當孟嘗君一籌莫展之際，他想起自己的一名食客是位模仿高手。孟嘗君便讓這位模仿高手模仿雞鳴，結果這一聲假雞鳴引發了真正的雞群跟著啼叫。關卡守衛聽到雞鳴聲後，明知道是深夜，仍依規定打開城門。憑藉模仿高手的幫助，孟嘗君一行人在深夜成功穿越關卡，最終安全逃離秦國。這個故事，便是「雞鳴狗盜」這一成語的由來（該成語還有其他解釋）。

話說回來，我經常收到這樣的提問。

「剛開始學習投資的時候，你是怎麼學習的呢？」

面對這個問題，我有許多答案。其中有一個答案常會讓人感到意外。那就是我參考的部落格類型。

許多人為了讓自己的投資成功，會參加各種研討會、閱讀書籍，或者瀏覽投資相關的部落格與網站。研討會與書籍當然是常見的學習來源，而部落格與網站則通常會分享成功人士的經驗。這麼做應該不奇怪吧？

然而，在我努力成為專職投資人的過程中，除了每天研讀成功人士的投資部落格和網站之外，我也一定會參考那些投資不順利

從上方、下方、側面等不同角度觀察。即使是同一顆蘋果，從不同角度觀察時，形狀也不一樣。只有從多個方向觀察，才能了解蘋果整體的形狀。

的投資人所撰寫的部落格。透過比較這兩類資訊，我能清楚看出成功者與失敗者的差異在哪裡。

就像孟嘗君的故事一樣，一些看似無關緊要的技能，可能在關鍵時刻救你一命。同樣地，任何一種想法或觀點都可能值得我們學習。不僅要從成功的角度學習，也要從失敗的視角汲取經驗。從不同的方向學習，可以讓你的投資進一步邁向成功。

從不同視角「比較」，可以幫助我們更深入理解事物。另外，如果你參考了一些投資不順利的投資人部落格，且部落格有留言欄，不妨分享自己的比較結果或看法，與對方交流，可以進一步提升學習效果。

有失敗的視角，也有成功的視角。當我們了解每個人成功或失敗的原因時，就能從中獲得深刻的教訓。如果自己從親身經歷獲得的教訓為十分，那麼他人的寶貴經驗雖然不到十分，但大致也能提供三到五分的啟發（雖然這是相當粗略的估算）。

結論

多方面學習，而非只關注單一方向。比較多人的經驗，會有更深刻的理解。

15 保持心靈的餘裕

繼第十四節之後，第十五節中我們讓我們繼續談談孟嘗君的故事。孟嘗君有著卓越的人望和出色的政治才能，名聲在其他國家也相當響亮。

然而，歷史上的優秀人才也往往有著一定程度的危險。因為這些人才的主人（國君）可能會嫉妒其才能，或者擔心「有朝一日會遭到他們殺害」而猜忌他們。孟嘗君也不例外，齊王對孟嘗君的戒心很重，不僅解除了孟嘗君的職位，還讓他受到許多不公正的對待。

孟嘗君一向厚待食客，門下食客多達三千人。其中有位名叫馮諼（一作「馮驩」）的智者。馮諼觀察到齊王對孟嘗君的態度，於是向孟嘗君提出以下建議。

「狡兔有三窟，僅得免其死耳。今君有一窟，未得高枕而臥也。請為君復鑿二窟。」（兔

子為了逃跑，會準備三個洞穴。但孟嘗君目前的藏身之處只有自己的領地。我們應該再多準備兩個洞穴。語出《戰國策・齊策四》）

馮諼說完後，便前往他國尋求對孟嘗君的支持。魏國國君非常欣賞孟嘗君的名聲，願意為他留下一個國內高官的職位。這個消息傳回齊國後，雖然齊王對孟嘗君心懷警惕，但因擔心孟嘗君投奔他國會對自己不利，只得向孟嘗君致歉，並說服他留在齊國。如此一來，孟嘗君便擁有了三個洞穴（安身之所），分別是①自己的領地、②魏國的高官職位、③齊國的地位。

後來，齊王再次疏遠孟嘗君，孟嘗君察覺到自身性命受威脅，便逃往魏國，並被魏國任命為宰相（即洞穴②）。成語「狡兔三窟」，便是源於孟嘗君的這個故事。

從孟嘗君的狡兔三窟中，我們能學到許多教訓。在本書中，我會將這些教訓轉化為「餘裕」這個詞，並將其應用在不同情境中。在過去，曾有許多人問我如以下這般的問題。

要成為全職投資人，是不是應該辭去現在的工作，專注於學習投資呢？

面對這樣的問題時，我的回答通常是「不建議這麼做」。

如果以成為全職投資人為目標，將所有時間投入到投資和學習上，那麼這段期間的生活費，只能依靠消耗存款來維持。看到每個月逐漸減少的存款，會讓人產生「這次非成功不可」的想法，這種與投資無關的情緒會逐漸支配心理，並不是投資人應該有的心態。

人總是會下意識地希望事情按照對自己有利的方向發展。因此，在「這次非成功不可」的念頭驅使下，可能會在應該停損的時候，無法果斷行動，而是反過來說服自己「這只是股價暫時下跌而已」，從而往對自己有利的方向解釋。然而，這種想法卻可能導致

退路的數量越多，「意想不到的事情」發生時，能成功應對的可能性就越高。

投資人最終失去所有的投資資金。

綜上所述，建議你在學習投資時，盡量確保其他收入來源，也就是先前故事中提到的「確保其他洞穴」，這才是最理想的方式。增加退路能讓人產生「心靈上的餘裕」。在有心靈餘裕的情況下投資，即使失敗了，也能清楚地檢討自己「究竟犯了什麼錯」。相反的，如果失去了心靈餘裕，投資時往往會因為過於擔心日常生活而無法理性思考，甚至無法察覺到自己「究竟犯了什麼錯」。

如同本章第十三節「失敗為成功之母」中提到的，投資經驗中最重要的一點，是「了解自己錯在哪裡」。因為，避免重複犯下相同錯誤是相當重要的。雖然我們不是愛迪生，但我們同樣必須透過了解失敗，才能一步步接近成功的大門。

失去「心靈餘裕」的投資，容易朝著失敗的方向發展。就連「失敗的原因」這個理應成為投資人財產的東西，都無法獲得。

從「狡兔三窟」的故事裡，我們可以學到，透過建立多個「洞穴」，讓自己保持心靈餘裕，才能避免在投資中摻雜過多雜念，打造出良好的投資環境。這樣的環境能讓我們**從一次失敗中獲得更多學習機會**，這對學習投資的過程來說極其重要。「心靈餘裕」並非短期投資成功的絕對條件，但若要長期穩定地成功，「心靈餘裕」卻是不可或缺的關鍵。為了確保心靈餘裕，務必為自己準備多條退路。

在投資方法上，也可以套用相同的道理。若你已經確立自己的投資方法，並在某些領域擁有專長，那麼不妨試著逐步拓展至其他領域。當然，專注於一個擅長的領域，可能會有更好的獲利。如果你已經有擅長的領域，那麼將其它領域的獲利視為附帶獲利即可。此外，建議你的方法與時代趨勢、投資環境的演進等一起考量，將「狡兔三窟」的道理放在心上。

結論

保持心靈餘裕，才能邁向成為優秀投資人的道路。就像車輪一樣，三輪比一輪更穩健。

16 確實了解贏的原因

交易的結果大致有三種，分別是獲利、虧損和持平。然而，我們不能僅以交易的結果來評價過程的好壞。有時雖然結果是獲利，但過程其實是錯的（只是運氣好所以獲利）；有時雖然結果是虧損，但過程卻是正確的（符合原則）。

若看一段時間內的情況，結果通常會與過程相符，最後的盈虧取決於交易的實質內容。因此，交易的核心在於不斷提升過程的正確性，而非僅追求短期的結果。本節的歷史故事部分，我想討論的是日本偉大的小說家，已故的司馬遼太郎老師（對戰爭結果）的見解。

有一次，我造訪松山時，參觀了以司馬遼太郎先生的名著《坂上之雲》為主題的坂上之雲博物館。在那裡，我發現了司馬遼太郎先生對「戰爭結果」所作的深刻論述，內容震撼人心，在此想將其濃縮介紹如下。

在日俄戰爭中，日本接連取得勝利。

然而，這些勝利實際上都驚險至極，俄羅斯的失敗多是因為自身的因素，並非因日本軍事實力強大而敗北。然而日本政府沒有將這一事實告訴國民，國民也沒有試圖去了解。

隨後，日本社會開始認為，我國在戰爭中絕對能夠取勝，甚至認為日本軍隊有神祕力量而產生了信仰。這種信仰使得民族思維在這方面變得痴呆化。

自日俄戰爭以來，日本國民的理性逐漸退化，最終導致國家與國民走向瘋狂，陷入太平洋戰爭並以失敗告終，而這距離日俄戰爭僅僅過去四十年。

如果說失敗能賦予國民理性，而勝利卻讓國民陷入瘋狂，那麼從民族的長遠歷史來看，戰爭的勝敗，無疑是非常奇妙且耐人尋味的事。

將司馬遼太郎老師對戰爭的這段評論轉換到交易的領域，我認為可以得出以下啟示。

> 即使在交易中持續取得勝利，也很難說這些勝利完全是源於實力。此外，人們往往不會去深刻了解自己勝利的真正原因。
>
> 隨著不斷的勝利，人們會逐漸習以為常，忘記了失敗的可能性；而當意識到問題時，可能已經陷入無法挽回的局面。
>
> 如果說勝利使人陷入瘋狂，而失敗能讓人保持冷靜，那麼，交易中的短期輸贏，確實是一件耐人尋味的事。

這可以說是相當值得思考的想法。接下來，讓我們來看看實際的市場。

次頁為日經平均指數從一九八〇年至二〇〇〇年間的年線圖。

一九八〇年代前半，日經平均指數在五千日圓至一萬日圓之間徘徊。一九八五年的《廣場協議》成為轉捩點，指數開始加速上漲，最終在一九八九年達到了日經平均指數的歷史最高點，三八九一五日圓（以收盤價計算），也就是所謂的泡沫經濟時期。

在這波浪潮中搭上順風車的人，累積了巨大財富，盡情享受了人生。然而日經平均指數在一九八九年達到頂點，隨後在一九九〇年跌至低點二三八四八日圓（以收盤價計算）。再過兩年的一九九二年，又進一步暴跌至一四三〇九日圓（以收盤價計算）。

許多曾在泡沫經濟浪潮中賺得鉅額財富、享受人生的人，最終不僅失去了資產，甚至還背上了巨額債務。

以下是一句著名的話。

「有偶然的勝利，卻沒有必然的失敗。」

這句話出自平戶藩主、同時也是劍豪的松浦靜山。近年來，這句話也因為東北樂天

◆ 日經平均指數年線圖（1980 年～ 2000 年）

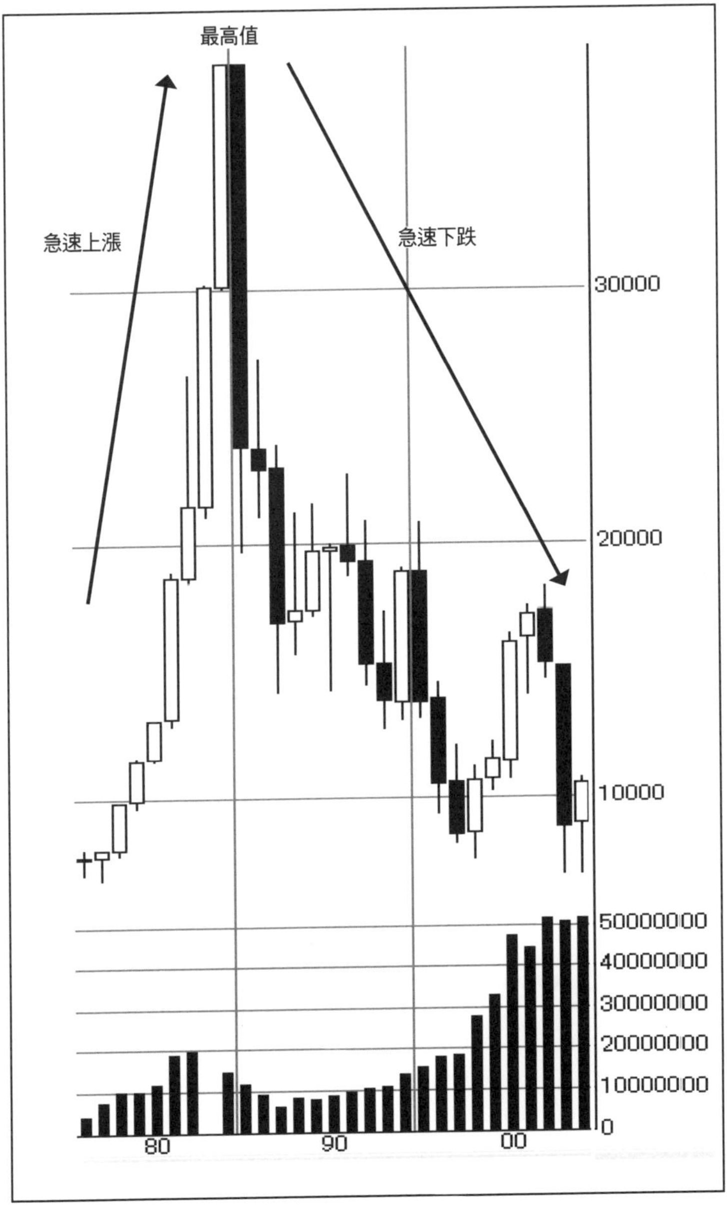

金鷲隊前總教練野村克也先生的引用而廣為人知。

顧名思義，你可能會毫無根據地偶然獲得勝利，但當你失敗時，一定是因為某些因素導致失敗。

在泡沫經濟時期因投資而累積財富、卻最終失去資產的人，並非真正具備投資實力。他們大多只是恰好搭上時代的浪潮，因此資產得以增長。當日經平均指數開始下跌，他們卻沒有能力採取應對措施。

「為什麼能夠從投資中獲利？」

這一點需要我們仔細回顧並檢視。究竟

如果僅僅根據結果判斷，卻不仔細檢視產生該結果的原因，那麼無論花多長時間，投資（交易）的技術都無法進步。

是因為自己發現了獲利的原因、憑藉實力取得的結果，還是僅僅因運氣而獲利？如果不詳細調查這些事，便會將投資中的勝利全都誤以為是自己的實力。這種錯誤的認知，正如「沒有必然的失敗」所述，會在未來以數倍的損失回饋到自己身上。因此，詳細調查勝利的原因是一件至關重要的事。了解勝利的原因後，便可盡量避免「結果上獲勝，但內容上敗北（純屬運氣）」的情況。而對於「結果上敗北，但內容上獲勝」的情況，則應坦然接受。持續這樣的檢視過程，將讓你一步步走向成功的道路。

在本章第十三節中，我們談到了了解失敗原因的重要性，而在這第十六節中，我們討論到認清成功原因的必要性。

結論

不要只看勝利的結果，誤以為那是自己的實力。仔細檢視勝利的原因，並判斷那是運氣還是實力。

第四章

容易遭遇的失敗

17 急躁的害處

在序章中提到，許多人在投資過程的最後，都落入了自我毀滅的情境或關鍵點，或許可以避免最壞的情況發生。本章將從這樣的角度出發，介紹一些投資中常見的失敗。

投資失敗的原因有很多種，首先要談的是由「急躁」引發的失敗。「急躁」是人類反覆失敗的典型原因之一，歷史上許多偉人都因「急躁」而失敗。讓我們從歷史中學習相關的教訓。

慶長五年（一六〇〇年），舉世聞名的關原之戰爆發。這場戰役，分別由東軍的德川家康與西軍的石田三成擔任總大將。關原位於今岐阜縣，然東軍與西軍的戰爭並不限於關原一地，在日本各地都發生了戰鬥。其中，西軍陣營（石田三成方）的真田昌幸守備上田城（位於今長野縣），東軍方面則由德川秀忠（後來的第二代將軍）領軍進攻。以下將從德川秀忠的角度來看這個故事。

一六〇〇年，石田三成起兵反抗德川。當時身在關東的德川家康，為了與石田三成對決，率軍向西進發。他將德川主力軍交由繼承人德川秀忠率領，經中山道（行經今長野縣）向西推進，自己則沿東海道前進。計畫中，兩軍將在岐阜縣附近會合，聯手迎戰西軍的石田三成。

然而，率領德川主力軍走中山道的德川秀忠，卻執意攻打沿途的上田城。結果，他既未能攻下上田城，又因耽擱行程而未能趕上關原之戰。

德川秀忠的這次失誤，大致上可從兩個方面分析。

第一是小事與大事的關係，在本章第二十三節也會提到。在這種情況下，德川秀忠的首要目標，應該是確保德川主力軍能參加關原之戰（大事），而不是執著於攻下一座地方城池（小事）。兩者的重要性差異根本無需多言。

第二是報酬（優點）與風險（缺點）的考量，我們在第一章第二節中曾提過。如果德川秀忠成功攻下真田昌幸守備的上田城，會獲得怎樣的評價？對於只有兩千名守軍的小城，若以經驗豐富、兵力達三萬八千人的德川主力軍進攻，攻下城池是理所當然的結果（報酬）。然而，若未能攻下上田城，則會被認為是指揮不當，甚至可能被貼上「不善戰」的標籤（風險）。這樣的評價，對德川秀忠的未來會造成深遠的負面影響，他可能因此被諸多大名輕視，進而產生統治上的障礙。因此，從報酬與風險的角度來看，這次執著攻打上田城的決策，顯然不是一個明智的選擇。

最後，德川秀忠既未能攻下上田城，又錯過了關原之戰，他的行動迎來了最糟糕的結局。當初就是為了避免這樣的情況，德川家康事先安排了有「德川智囊」之稱的本多正信隨行，來輔佐年輕的德川秀忠。在德川秀忠決定攻打上田城時，據說本多正信極力勸阻，提醒他這是「大事之前的小事」。然而，德川秀忠並未聽從建議，執意攻城。從德川秀忠成為第二代將軍後的政治作為來看，可以推斷他並非一個無能之輩。那麼，為何他如此執著於攻打上田城呢？

在小事與大事，以及報酬與風險之間的衡量過程中，讓德川秀忠判斷錯誤的主要原因是「急躁」。德川秀忠是家康的三男，若照順序，他本來不是繼承人。但因為德川家的諸多考量，最終決定由他繼承家業（當時尚未對外明確宣布）。

德川秀忠的兄長德川秀康（結城秀康）以卓越的武勇、剛毅的體格、非凡的氣度聞名。面對如此優秀的兄長，德川秀忠深感壓力，認為如果要取代兄長成為德川家的繼承人，自己必須有些實績來證明自己才行。因此，他執著於攻打上田城的真正原因，就是內心的「急躁」。正是這種急躁，使他無法正確衡量小事與大事的優先順序，也無法冷靜分析報酬與風險的關係。

這個故事其實與投資交易息息相關。那麼，讓我們來看看實際市場中的例子吧。

下一頁展示的是星巴克咖啡二〇一二年六月至十月的日線圖。

假設你對這支星巴克咖啡的股票感興趣。當你在六月打算以約四萬八千日圓的價格買進時，股價已經上漲至四萬九千日圓。此時，你可能會想著股價應該很快會回落，因此沒有急於買進。然而，接下來股價卻緩步上升。雖然你一直想找個時機入手，但人性使然，總希望等到股價回檔（股價下跌）時再買進。

到了九月下旬，股價已突破五萬三千日圓。這時，你可能覺得股價已經不會再下跌，於是決定終於要買進。然而，九月二十八日開始，股價突然加速上漲，並在十月二日達到五萬五千九百日圓。這種情況下，如果你對星巴克咖啡的股票有強烈的購買意願，很容易變得急躁，誤以為若不立刻買進，股價將繼續飆升。

◆星巴克咖啡（東證2712）的日線圖（2012年6月～10月）

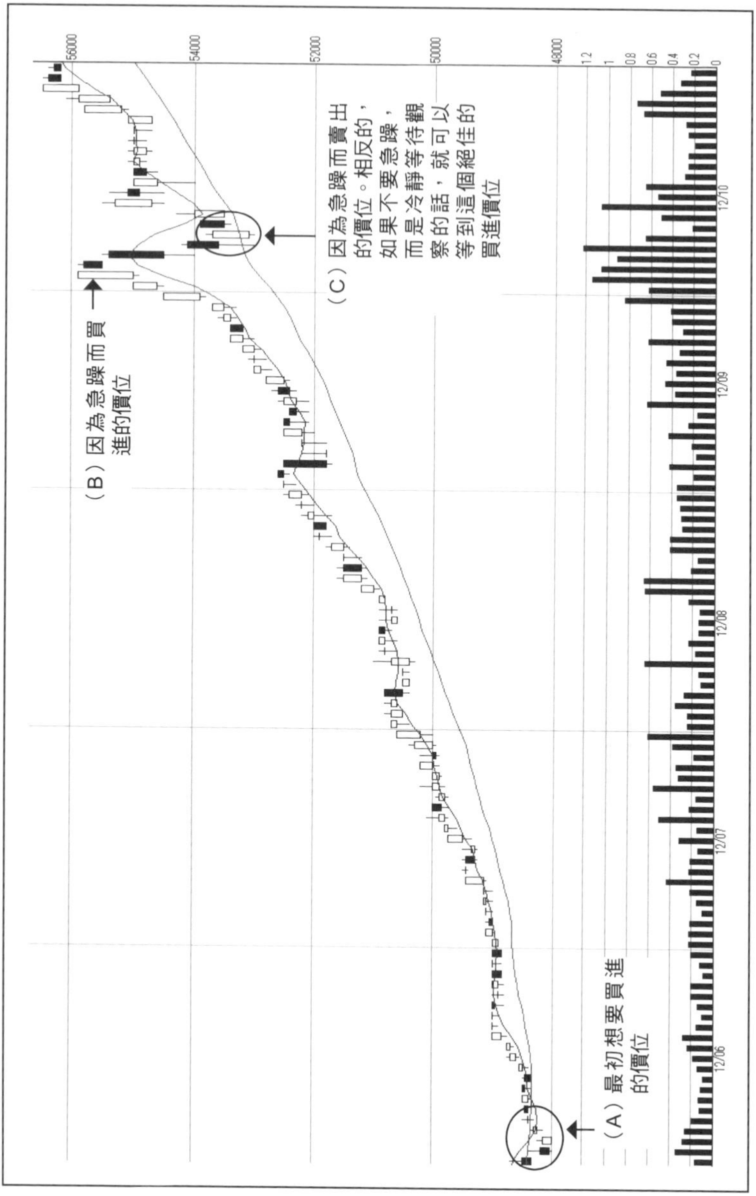

結果就是，你往往會在高價位時買進。以這張線圖為例，你可能會在股價突破五萬五千日圓時急躁買進，卻在之後碰上股價迅速下跌。這種情況下，你可能在股價跌回到約五萬三千日圓時，因擔心股價繼續下跌而急忙賣出。那麼，「你在五萬五千日圓處急躁買進」時，在報酬與風險上是否對等呢？

進行投資活動時，時常會遇到這種情況。當心儀的股票價格不斷上漲，投資人難免急躁，想要盡快買進。當然，在這種情況下匆忙買進也可能成功，但從整體來看，失敗的情況往往更多，正如德川秀忠的案例。

當你匆忙急躁時，就更容易注意力渙散，也就比平常更容易陷入危險。

這是因為，當人在急躁的情緒下交易時，通常無法精確計算報酬與風險。在投資過程中，務必要時刻檢視自己是否正因「急躁」而投資。如果意識到自己可能因為急躁而做出交易，我會反覆提醒自己「不要急，不要急」、「冷靜下來，冷靜下來」。

在充滿急躁情緒的狀態下交易，「勝率會大幅降低」，這一點必須牢記在心中，隨時提醒自己。

結論

帶著急躁情緒交易時，勝率會大幅降低。

18 不要有先入爲主的成見（市場沒有絕對）

進行交易時，有時會信心不足，有時則會信心滿滿，各種情況都有可能發生。信心不足時，問題通常不大，因為信心不足時，停損相對容易，不至於造成重大損失。**問題在於過度自信時的交易**。基於各種自認的理由與根據，容易產生「絕對會這樣」或「一定會如此」的想法，這樣的自信可能導致重大的失敗。這種想法，有時還是在我們無意識的情況下產生的，防不勝防。

這也是歷史上許多人常犯的錯誤之一，所以我們可以從歷史中學到一些教訓。

這次，讓我們從日本歷史上著名的戰爭高手源義經的戰役中，探討為何平家會敗北。

源義經是鎌倉幕府設立者源賴朝的弟弟。

源賴朝之所以能夠消滅平家、統一天下，與義經的貢獻密不可分。義經為源氏立下了顯赫戰功，以下將討論其中兩場特別重要的戰役，分別是一之谷之戰與屋島之戰。

①一之谷之戰

一之谷之戰發生在現今的神戶市，當時平家的大軍在該地布陣。義經的軍隊以馬匹無法通行的陡峭山崖作為進攻路徑發動奇襲，最後取得大勝。當時義經的軍隊僅有七十騎，而平家的軍勢則因認為馬匹無法通過山崖而未加防範，結果被突如其來的義經軍擊潰。

②屋島之戰

屋島位於現在的香川縣高松市，是平家的主要據點。平家擁有強大的水軍，完全掌控了瀨戶內海的制海權。一之谷之戰後一年，義經軍挑戰進攻屋島。當義經軍從現今大阪府的渡邊津出航時，遭逢猛烈的暴風雨。同僚梶原氏建議義經，此時渡海過於危險，應推遲出航。然而，義經並未聽從建議，堅持在暴風雨中渡海。

義經的船隊僅有五艘船、一百五十騎，即便如此，他仍於暴風雨中啟航。二十八小時後，義經的船隊成功登陸德島縣的勝浦。勝浦位於屋島以東，距平家的主要據點還有一段距離。義經在當地召集了一些武士為盟友，沿陸路進軍屋島。最後，義經抵達屋島的後方，從平家背後發動進攻。來自背後、突如其來的攻擊，使平家軍陷入混亂。他們本以為義經軍只會從瀨戶內海的水路進攻，因此僅加強海上的防衛，對背後全無防備。面對如此出其不意的攻擊，平家軍也曾一度奮起對抗，但當義經軍的梶原氏率大軍渡海支援後，平家軍最終放棄屋島，倉皇撤退。

這兩場重要戰役的共同點是，義經運用出乎意料的奇襲策略打敗了平家軍（至於後白河法皇的計謀及其他原因，此處略去不談）。義經在這兩場戰役中展現了極高的戰略才能，總能攻擊敵軍「意想不到」的弱點。

從平家軍的視角來看，也能得到一些教訓。一之谷之戰中，他們認為敵軍不可能越過山地攻過來；屋島之戰中，他們認為敵人不會在暴風雨中渡海，更不可能從背後發動攻擊。

這種心態，就和投資人認為「這裡不可能下跌」或「這裡一定會上漲」一樣，不是嗎？接下來，我們來看看實際的市場案例。

以下是日本電氣硝子二〇〇八年六月至十月的日線圖。

從線圖中可以看到，二〇〇八年九月三日，股價還在一四二五日圓，隔天卻跌停至一二二五日圓。股價下跌的直接原因，是由於美國一家大型玻璃公司，其每股獲利預

◆日本電氣硝子（東證 5214）的日線圖（2008 年 6 月～ 10 月）

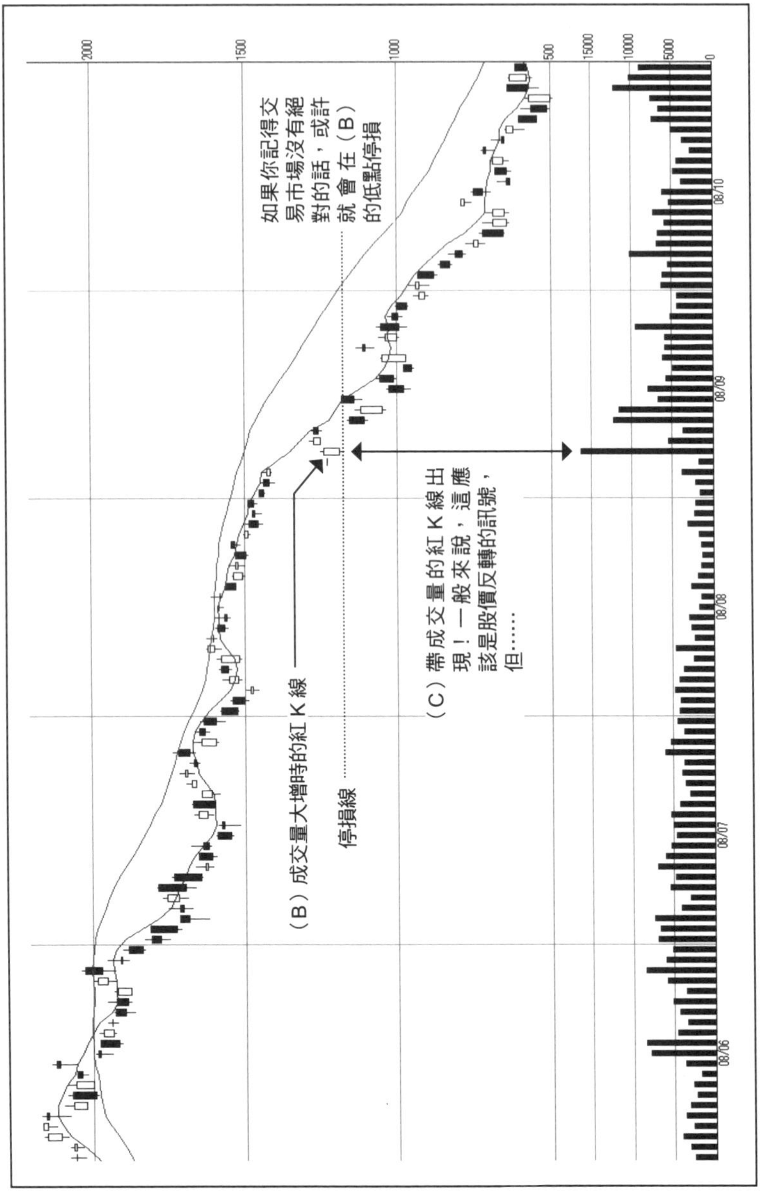
2000
1500
1000
500
15000
10000
5000
0
08/06
08/07
08/08
08/09
08/10
如果你記得交易市場沒有絕對的話，或許就會在（B）的低點停損
（B）成交量大增時的紅 K 線
停損線
（C）帶成交量的紅 K 線出現！一般來說，這應該是股價反轉的訊號，但……

測遭下調，引發市場恐慌。這一消息也影響到日本市場，導致投資人紛紛拋售電機類股與玻璃類股。股價跌停的次日（九月五日）開盤，進一步下跌至一一八五日圓，但盤中開始回升，收盤價為一二三八日圓。

某些情況下，成交量急劇增加被認為是反轉的訊號。觀察九月五日的成交量（線圖下方的長條圖），可以發現當天的成交量顯著增加，可能讓某些人認為是股價即將反彈的徵兆。該股在當年六月的高點超過兩千日圓，後來因利空題材而跌至接近一千兩百日圓，股價看起來似乎調整到了「適合反彈」的水準（這裡必須再次強調，若僅僅因為股價變低就選擇買進，這樣並不可取）。

假設投資人在這個時候認為「股價一定會上漲」、「這裡就是底部」，那會發生什麼事呢？大多數普通投資人，常常會在無意識間有「絕對」、「應該」、「可能」的想法，但這種過度自信的推測非常危險。一旦市場走向與預期相反，這種自信會使投資人更難及時停損。

如果抱持「這種走勢應該會上漲才對吧」的想法，人們會開始朝著對自己有利的方向來解讀，譬如「現在只是股價暫時下跌，不用多久之後就會反彈」。這種心態與一之谷之戰中，平家認定「敵軍不可能越過山地攻來」，以及屋島之戰中認為「敵人不會渡海，更不會從背後攻擊」的情況如出一轍。**不論是戰爭還是交易，隨時保持「或許會有例外」的思考方式極為重要。**

如果一之谷之戰中，平家認為「雖然敵人不太可能從山地攻來，但還是安排一些士兵警戒一下，以防萬一」，那麼他們或許不會慘敗。在日本電氣硝子的案例中，即使認為股價會上漲，但如果同時考慮到「或許也有可能繼續下跌」的可能性，就能更冷靜地應對。從線圖來看，日本電氣硝子的股價雖在接下來的兩個交易日中回

單行道上，通常不會有車逆向行駛。但如果你認定「絕對不會有車開過來」，那便有可能會碰上意料之外的危險。時刻保持「或許」、「可能」會碰上危險的意識相當重要。

升，但三個交易日後卻大幅跌破一千兩百日圓，並在十月底跌至六百日圓以下。

另外，如果在一之谷之戰中，「平家不僅安排士兵警戒山地一側，還提前想到萬一敵軍真的從山地一側攻來，應該用什麼方式擊退」的話，**應對上就會更加完善**。同樣的，在日本電氣硝子的案例中，若事先考慮到「雖然覺得不太可能，但如果股價跌破九月五日的最低點一一七二日圓，應該立刻停損退出」，就能大幅減少損失。

在市場中，切忌認定「一定是這樣」，而是應該抱持「雖然我認為應該是這樣，但或許也有可能會發生其他情況」，並進一步思考「如果真的發生其他情況，我應該怎麼做」。有了這種準備，交易的整體成功率將顯著提高。最重要的是，對於重大損失的防範絕對不能鬆懈。

結論

市場中沒有絕對。
時刻保持「可能會發生其他情況」的意識。

19 過去的成功經驗可能反過來害了你

我深信，投資成功的捷徑之一就是累積經驗。這是一個毋庸置疑的常識。然而，我越是強調這一點，就越不得不提出一個關於經驗的警告。那就是，寶貴的經驗有時反而會導致悲慘的命運，特別是過去的成功體驗。當「成功的經驗深深烙印在記憶中」時，這樣的記憶可能不僅帶來損失，甚至可能讓人損失全部的資產。

為了幫助大家避免碰上最糟糕的狀況，我希望能在這裡提前指出這樣的陷阱，提醒你注意避免落入其中。

接下來，讓我們從歷史中汲取教訓，學習要如何避免讓這些珍貴的成功經驗，變成一把「雙面刃」。

這次，我們將從日本戰國時代的關東霸主北條氏的角度，來探討他們為什麼會滅亡。雖然北條氏是關東的霸主，但在天正十八年（一五九〇年），北條氏與豐臣秀吉所率超過二十萬的大軍交戰後，最終還是投降了。當時的當家北條氏直被流放至高野山隱居，其父北條氏政則被迫切腹，結束了北條氏在關東長達一百年的統治。

回顧歷史，我們不禁想問，為什麼北條氏會選擇與即將統一天下的豐臣秀吉徹底對抗？確實，北條氏憑藉其在關東的根基，擁有多達兩百四十萬石的領地，是名副其實的大名。然而，當時的秀吉已經掌控了全國三分之二以上的土地，幾乎可說是天下無敵。

事實上，秀吉一開始並未對北條氏發動大軍。他多次派遣使者敦促北條氏上洛並臣服於自己。北條氏內部也為此展開激烈的討論，分為主和派與主戰派，最終，主戰派的意見占了上風，導致雙方開戰。讓我們來看看主戰派的主要論點。主戰派的理由有很多，但最核心的依據便是過去的輝煌戰績。

北條氏的居城是現今神奈川縣西部著名的小田原城。當時的小田原城是一座天下聞名的城池，它不僅用土壘與護城河完全圍繞住城下町和農田，外圍的防禦線長達十二公里，建構出名為「總構」的完整防禦體系。這座名城在歷史上曾多次成功抵擋強敵的進攻。永祿四年（一五六一年），上杉謙信率十一萬餘大軍進攻小田原城。謙信連續攻擊近一個月，卻仍無法攻破城池，最終選擇撤退。永祿十二年（一五六九年），被譽為「戰國最強」的武田信玄發動猛烈進攻，小田原城再次成功防禦住敵軍的猛攻。小田原城的堅固防禦已經成為當時人盡皆知的事實。

正因過去這些輝煌的戰績，主戰派才堅持徹底抗戰。此外，當豐臣秀吉的大軍逼近小田原時，北條氏的作戰計畫卻異常簡單，那就是固守城池，等待秀吉的補給線（軍糧運輸等）中斷後再行反擊。然而，只要了解秀吉的過往戰爭紀錄，便能立刻明白他並非如此容易對付的對手。在過去的多場攻城戰中，秀吉常能有效阻斷對方的軍糧補給，取得無數勝利。期望秀吉在戰爭中出現補給線中斷的情況，根本是不切實際的想法。事實上，秀吉圍攻小田原城時，糧食從後方源源不斷地運送過來，秀吉的軍隊毫無補給問題的顧慮。在小田原城在被包圍的期間，北條氏還不斷召開會議，反覆討論是要徹底抗戰還是投降，這些爭論甚至形成了日本成語「小田原評定」（形容會議或討論了很長的時間，卻一直無法得出結論）。最後，北條氏選擇了投降，而北條家也實質滅亡。

北條氏之所以會與秀吉徹底對抗，固然有多方面的考量與盤算，但最主要的決策理由，正是因為過去的兩次成功經驗。這兩次成功，分別是抵擋住戰國名將上杉謙信和武田信玄猛烈攻勢，可說是相當輝煌的紀錄。然而，成功並非總是能一再出現。如果北條氏能夠理性分析資訊，認識到秀吉不同於謙信與信玄的地方，並選擇向秀吉投降，他們或許能保住大片領土。
這個教訓在投資市場中也經常上演。看過北條氏的教訓後，讓我們來看看市場的情況吧。

首先是二〇〇六年三月至八月的夏普日線圖（參考第141頁）。在二〇〇六年四月，夏普的股價超過兩千日圓，但自五月中旬開始下跌，於六月十四日成交量大增並出現下影線，觸及一五七一日圓的低點。這基本上是一個可能反轉的訊號。假設在一千六百日圓左右買進，並在股價上漲至一千八百日圓時賣出，就能獲得兩百日圓的利潤，這是一個成功的案例。

接著是二〇〇七年十二月至二〇〇八年三月的可口可樂中日本公司日線圖（參考第142頁）。二〇〇七年十二月，其股價約為一七五〇日圓，但從二〇〇七年底開始下跌，至二〇〇八年一月二十二日成交量大增並出現下影線，觸及一三八〇日圓的低點。與夏普的例子類似，這同樣是一個可能反轉的訊號。假設在一四三〇日圓左右買進，並在股價上漲至一五五〇日圓時賣出，就能獲得一百二十日圓的利潤，也是一次成功的案例。

最後是二〇〇八年八月至十一月的日經平均指數日線圖（參考第143頁）。二〇〇八年八月，日經平均指數約為一萬三千日圓，但自九月起開始逐漸下跌，於十月八日大幅跌破一萬日圓大關，並觸及九一五九日圓的低點。附近幾天的成交量也有所增加。對於過去曾在夏普和可口可樂中有過成功體驗的投資者來說，很可能會認為這是一個市場反轉的契機，進而選擇買進。事實上，確實有許多人在這一天考慮到反轉的可能性，並逆勢買進。當然，這樣的行動在當時並不是錯誤決策。

隔天的十月九日，雖然大家認為市場即將反轉上漲，但股價在小幅上升後再次下跌，得到帶有上影線的K線。當天的成交量與十月八日相近。

再隔一天的十月十日，日經平均指數再度下跌，且跌勢加速，一度跌至八一一五日圓的低點。之後，股價短暫回升至約九千六百日圓，但到十月二十八日又跌至最低點六九九四日圓。

若過於依賴過去的成功經驗，就會讓人無法果斷停損。過去的成功經驗，往往會成為人們自我安慰、自我合理化的依據。人類的天性，會使我們傾向對自己有利的方向

◆夏普（東證6753）的日線圖（2006年3月～8月）

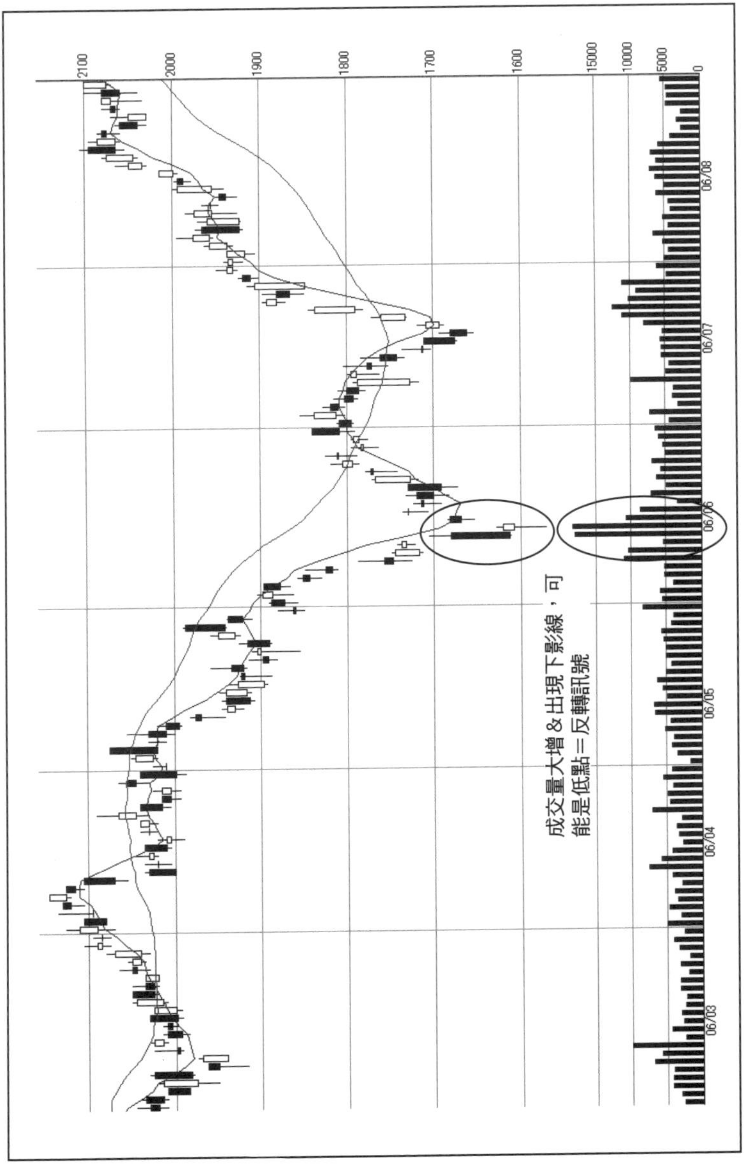

◆ 可口可樂中日本公司（東證 2580）的日線圖（2007 年 12 月～ 2008 年 3 月）

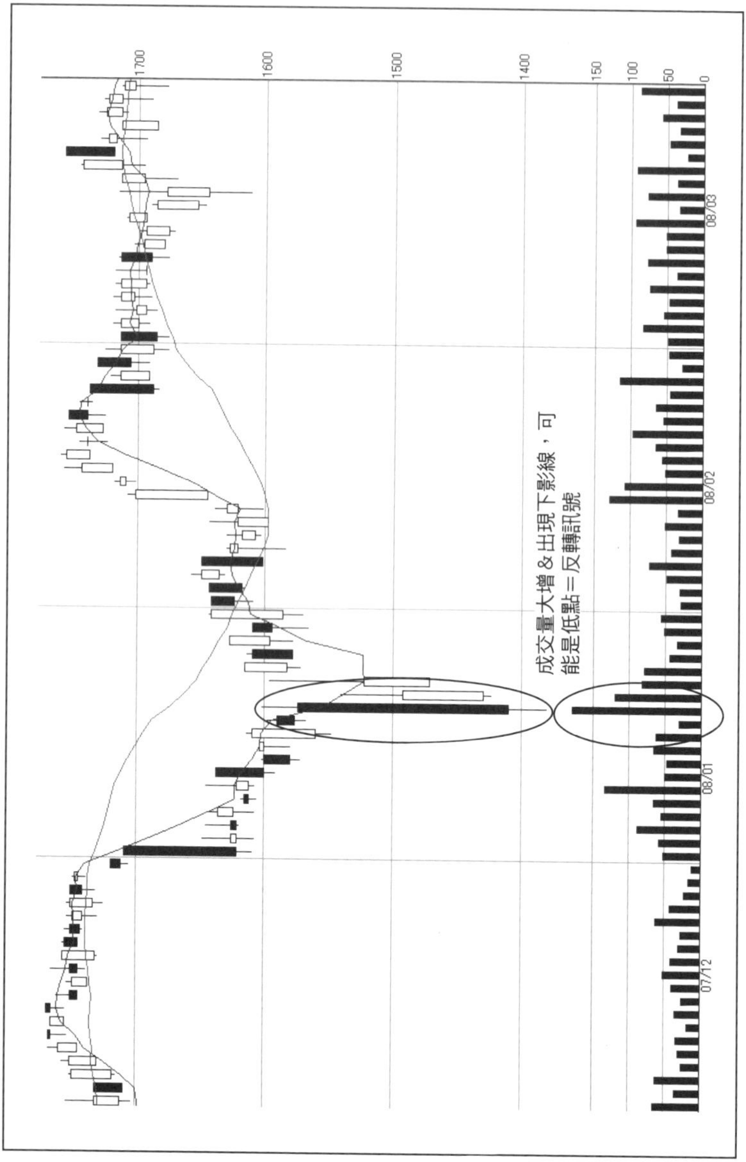

◆ 日經平均指數的日線圖（2008 年 8 月～ 11 月）

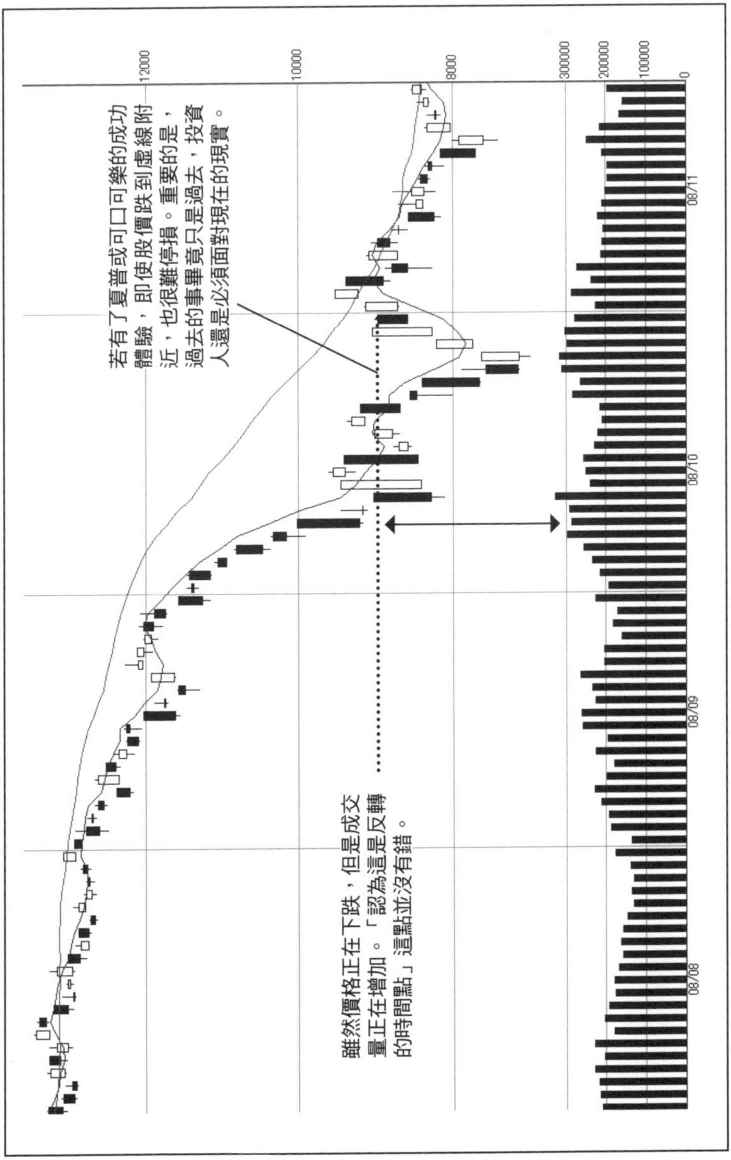
12000
10000
8000
300000
200000
100000
0
08/08
08/09
08/10
08/11
若有了夏普或可口可樂的成功體驗，即使股價跌到虛線附近，也很難停損。重要的是，過去的事畢竟只是過去，投資人還是必須面對現在的現實。
雖然價格正在下跌，但是成交量正在增加。「認為這是反轉的時間點」這點並沒有錯。

思考。在上述例子中，若投資人於十月八日逆勢買進，隨後日經平均指數進一步下跌時，可能會像夏普或可口可樂的案例一樣，誤以為「日經平均指數一定會再度反彈」（這其實只是願望），最後只能眼睜睜看著損失擴大。當股價接近近期低點時，投資者的心理承受能力達到極限，不得不拋售（止損）。有成功經驗的投資人往往會以這種形式告終。

　這與北條氏的情況相似，都是因過去的成功體驗而導致的失敗。誠然，成功的案例非常重要，但我們一定要避免成功經驗變成日後重大損失的原因。在這個例子中，十月八日逆勢買進並非錯誤（此處不

沉迷於過去輝煌的成功經驗，可能讓人掉入意想不到的陷阱。「過去的成功經驗」畢竟只是過去的事。以成功經驗為基礎作決策的同時，也要注意找出與過去經驗的不同之處，並對當下的現狀保持警覺心。

考慮任何線圖以外的相關因素），問題出在後續的行動。

逆勢買進是基於過去的成功經驗而做出的決策，但十月九日的股價走勢顯然與過去的成功體驗不同，因此，最佳的應對方式是在十月九日的下午收盤前，或者在十月十日以跳空低開的形式開盤時，就果斷停損。當發現與過去的成功案例相似的情況時，應該善用這些經驗；但若市場發展與自己的預測不符，就必須牢記這只是「類似」過去的情況，而不是完全相同的事件。「類似」的情況只是看起來相似，實際上與過去的情況有所不同。在「活用經驗」與「認知到是『類似』情況」之間加以衡量，是相當重要的事。

以下介紹我在這類情況中的處理方法。

交易時，常會以過去的經驗為參考。因此，我們往往會依據過去的成功經驗來做決策。在這種情況下，雖然我們理應重視過去的成功經驗，但同時也要刻意去尋找與成功案例的差異點。市場中不可能出現與過去完全相同的情況，必然會存在一些差異。發現這些差異後，既能以過去的成功體驗為基礎，也能在潛意識中產生一些警戒心，這種警戒心在發生意外情況時能夠保護自己。二〇〇八年雷曼兄弟事件引發金融危機時，我也曾在途中進行逆勢買進。然而，由於市場明顯被強力壓制，我感受到這與過去的成功經驗不同，於是立刻停損，才避免了更大的損失。

結論

在以過去的成功經驗為基礎作出決策的同時，也必須確認當前市場的不同之處。主動尋找過去成功經驗與當前市場的差異點。

20 大意就會敗北

日本有一句四字成語叫做「油斷大敵」，「油斷」*是疏忽大意的意思，故整句成語意思是「疏忽大意可能導致失敗，是可怕的對手」。這句話是為了提醒人們，疏忽大意可能造成失敗。

交易中獲利有很多原因，然而獲利或虧損經常只是一步之差。為了獲得僅一步之差的勝利，我們需要盡可能排除失敗的原因。而「疏忽大意」正是需要排除的一個重大因素。沒有人會刻意去疏忽大意，但它常常在不知不覺中發生。這裡我想透過歷史事件，以及我自身交易的實例，談談「疏忽大意」這個問題。

*編註：典出《大般涅槃經．卷二十二》：「譬如世間有諸大眾滿二十五里，王勅一臣：『持一油鉢經由中過莫令傾覆，若棄一滴，當斷汝命。』」

讓我們來回顧天文十七年（一五四八年）的鹽尻峠之戰。這場戰爭的雙方，分別是年輕的武田信玄與信濃（今長野縣）的一大勢力小笠原氏。當時已經歸屬信玄勢力的長野縣諏訪湖西部某一家族反叛了信玄，而這次反叛的背後正是由小笠原氏支持。小笠原氏結合自身的軍隊與反叛勢力，集結了五千人的總兵力，駐紮在長野縣的鹽尻峠。

信玄得知消息後，立即著手集結兵力，但由於前一次戰役中對另一大名的交戰慘敗，使得武田軍損失慘重，加上需要防守各地，最終僅能集結約兩千人應戰。這場與小笠原氏的戰鬥可謂關乎武田家生死存亡。如果武田軍再次失敗，不僅各地勢力會輕視信玄，連原本的盟友也可能叛變。

面對不利局勢，信玄策劃了一計。他的根據地在現在的山梨縣，若全速行軍至諏訪湖，僅需一天便可抵達，但信玄故意放慢行軍速度，讓部隊遲遲未至。當小笠原氏得知信玄出兵的消息時，最初滿懷鬥志，認為此刻正是剷除信玄的絕佳機會，於是鼓舞全軍士氣，做好應戰準備。然而，信玄軍遲遲未到，讓小笠原軍原本高昂的士氣漸漸消退。將士們原本滿懷鬥志，抱著「這次一定要消滅武田」的心態，也就此逐漸鬆懈。

武田軍一直沒有抵達戰場，讓小笠原軍的將士們在第八天時完全鬆懈下來，認為武田軍已毫無鬥志。此時信玄軍果斷出擊，以騎兵隊快速突襲小笠原軍。當時的小笠原將士中，竟無一人穿戴盔甲，完全無法抵擋武田軍的攻勢，最終被徹底擊潰。

這場戰役的勝負關鍵，在於小笠原軍的鬆懈與大意（至於小笠原方的武將內應等其他因素，這裡暫且略過）。

我幾乎可以肯定，長期從事投資的人，一定會經歷數次像小笠原氏這樣因疏忽而導致失敗的情況。在撰寫本書的期間，我也曾像小笠原氏般因大意而慘敗。以下就來介紹我的失敗案例。

二〇一二年十月三十日，是日本銀行（日本的中央銀行）金融政策決策會議宣布是否追加寬鬆政策的日子。日本銀行的金融政策決策會議是定期舉行的會議，決策內容通常會大幅影響股價及匯率。特別是這次會議，由於事前市場預期濃厚，各種猜測廣為流傳。我也認為會議宣布後，股價等市場行情必定劇烈波動，因此事先做了各種準備，耐心等待公告的到來。

我所謂的事前準備如下。由於會議結果可能使股價等市場指標朝上或朝下變動，我預先在電腦上設定好操作，使得無論市場走向為上漲還是下跌，都能一鍵買進或賣出個別股票。因為在結果公布後，股價等指標通常會在一兩秒內迅速波動，故須做好充分準備。

根據過去的經驗，我採用了勝率較高的操作策略，目標是在公告後獲利。以下是我使用的策略。

公告發布後，匯率或日經指數期貨會立即向上或向下快速變動。此時，即使出現初步的變動（假設是向上），也不能馬上下達買進指令。因為一開始的變動可能存在假訊號，或者因為有些人掌握部分資訊而作出試探性動作。因此，我會刻意忽略一開始的變動。假如初始變動向上，我會觀察是否出現進一步的上漲動能。儘管初始變動向上，若賣盤隨即湧現，使價格在約一秒內上下波動，市場會再出現第二波變動。第二波變動可能繼續向上，也可能反轉向下。我會根據第二波變動來決定下單操作。從初始變動到第二波變動的判斷，整個過程可能只有短短的兩到三秒。另外，下單後，如果日經指數期貨再次盤整或震盪，必須立即停損。因為即使第二波動的方向看似明確，也不代表一定正確，預測錯誤的情況仍有可能發生。因此，在完成第一筆交易後，我會立即準備好反向交易（停損）指令，確保能夠一鍵完成操作。我的這種交易方式專注於捕捉瞬間利潤，所以也充分意識到可能會面臨瞬間損失。為此，我會做好萬全準備，持續監視著電腦螢幕，確保隨時應對各種公告。

通常，日本銀行的金融政策決定會議結果，會在中午過後至十三時左右公布。然而，這次的會議因為討論延長，結果遲遲沒有發布。甚至到了十四時三十分，仍未見日本銀行的公告，讓我開始不由自主猜測，今天的會議結果可能不會在股市開盤時公布了吧？到了十四時四十六分，匯率突然大幅波動，日經平均期貨也隨之起伏。初步變動向上。我立刻緊盯螢幕，目不轉睛地觀察走勢。日經平均期貨向上變動後，很快又開始上下震盪。憑藉過往經驗，我判斷震盪過後，行情將會向下。在做出判斷的同時，我迅速對預設好的不動產類股票下了空單（股價下跌時可獲利的操作）。我對此類交易已有多次操作經驗，自認在判斷與執行的速度上，比一般人快得多。

結果，日經指數期貨如我預測的那樣，出現了下跌反轉。不久後，不動產相關股票也開始下跌。我原本的做空訂單理應獲利。

過於大意時，容易發生平時不會犯的「意外錯誤」。

但我很快發現了一個重大問題——我的訂單竟然是買進訂單！沒錯，我錯將賣出訂單輸入成買進訂單。當時，未實現損失已達到約二十萬日圓，我慌忙思考如何應對當下局面，卻遲遲無法採取行動。此時，股價進一步下跌。最終，我不得不在未仔細考量股價情況的狀態下停損，結束交易。最後，我的損失達到了三十四萬四千日圓。原本的市場走勢完全符合我的預期，卻因為一次錯誤的下單操作，導致我遭受巨大損失。

我當時的懊悔心情可想而知。雖然心中充滿遺憾，但我也清楚，一切都是自己的錯。在這樣的情況下，我必須冷靜反思。對一個長期從事投資的人來說，錯誤下單並不少見。然而，這次的錯誤下單完全是我自己的疏忽引起，故不能與一般情況下的錯誤下單相提並論。

這次誤下訂單的根本原因，在於「大意」。在金融政策決策會議結果公布前，我一開始保持著高度緊張感等待著。但隨著時間的經過，特別是接近十四時時，我的注意力開始鬆懈，開始「疏忽」了。在執行此類交易時，若是買進訂單與賣出訂單輸入錯誤，會是相當致命的事。所以在事前準備階段中，我應該多次確認操作畫面上買進和賣出的按鈕位置，確保不會犯錯。然而，這種注意力隨著時間流逝而消耗殆盡，緊張感也隨之減弱，最後導致我在慌亂中錯誤下單。我的這次失誤，與戰國時代小笠原氏的錯誤如出一轍。不管是戰國時期的戰爭，還是現代的交易，失誤都會導致殘酷無情的結果。

雖然我們無法百分之百防範疏忽大意而造成的失敗，但若有心應對，還是能一定程度上的避免。原因在於，當市場處於膠著狀態時，我們有時可以察覺到自己正在「疏忽大意」。既然如此，只要創造一個機會，讓自己確認當下是否處於疏忽狀態即可。自從那次失誤以後，我便在電腦螢幕下貼了一張寫著「現在有沒有在疏忽大意？」的紙條。這樣一來，我就能在注意力不集中、可能會疏忽大意時提醒自己。

如果發現自己注意力分散、心態鬆懈的話，應該暫時離開座位，調整心情，等到恢復集中狀態後再回到交易中。如果無論如何都無法恢復集中力，那就乾脆不要交易。因為在注意力不足的情況下即使偶爾取得勝利，多半也是因為運氣好，而非實力強。

結論

疏忽大意會導致失敗。
持續為自己創造不會疏忽大意的環境。

21 只記得當年勇的害處

人們思考事情時，經常會設下一些基準，再根據這些基準，將想法付諸行動。然而，若基準不同，即使結果相同，對結果的評價也可能有天壤之別。這點在歷史上，也能找到類似案例，比如日本史中的賤岳之戰就是一例。但這次我想從中國史中舉個例子，來探討這樣的情況。本書多次提到《孫子兵法》的作者孫武，以下我們再次以他的事蹟為例，加以說明。

西元前五一二年，孫武被任命為吳國的大將軍，充分展現了他的卓越才能。吳國的鄰國楚國是一個強大的國家。在某些原因之下，吳國率領三萬軍隊進攻楚國。楚國實力強大，迅速集結了二十萬大軍迎擊。作為吳國大將軍的孫武靈活指揮三萬軍隊，以變幻莫測的戰術徹底壓制了楚國的二十萬大軍。在孫武如神一般的指揮下，吳軍迅速擊潰楚軍，五戰五勝，僅十日便攻陷楚國首都。

孫武率領的吳軍取得壓倒性勝利後，吳王闔閭滿懷得意地進入楚國首都。楚都的宮殿豪華絢爛，遠非吳國所能比擬。同時，來自周邊各國的使者紛紛前來祝賀，向吳王表達敬意，使吳王得意的心情達到巔峰。

然而，吳王與孫武率領的吳軍駐紮在楚都數月後，孫武向吳王建議撤離楚都。儘管已攻陷楚都，楚國依然相當強大，隨時可能有殘餘勢力反撲，周邊其他國家的動向也相當讓人擔憂。然而，吳王對孫武的多次進言充耳不聞。原本謙遜且被譽為明君的吳王，因難以割捨楚國宮殿的富麗堂皇以及掌握天下的名聲，拒絕採取行動。

不久後，孫武的憂慮成真。楚國的鄰國秦國為討伐吳軍，派遣大軍支援進攻楚都。秦國的援軍到來後，楚國殘餘勢力隨之起義。在極短時間內，討伐吳軍的聯合軍規模擴大到數萬人。得知此事後，吳王匆忙下令撤離楚都。然而，當吳軍顯現出頹勢後，吳國國內也爆發反叛。長期心懷不滿的吳王弟弟夫概趁機起事，掌控了國內局勢。當吳王撤退至吳國邊境時，國內已被叛軍控制，他無法返回國都，後面又有楚國與秦國的聯合大軍，為了報仇而氣勢洶洶地追擊。進退兩難的吳軍士氣低落，士兵紛紛逃亡。不久前，吳王還盡享楚國珍寶、豪華宮殿和天下的名聲，如今卻面臨滅亡的危機，形勢急轉直下。

這類情況在交易中也時常發生。讓我們來看看具體的市場案例。

次頁為住友金屬礦山於二〇一二年三月至七月的日線圖。

三月二十七日，該股成交量急劇增加，當天為帶上影線的大紅K線。這波漲勢源於住友金屬礦山發表的一則消息，該公司出資百分之八十五的美國阿拉斯加州波戈（Pogo）金礦場發現了新的礦床，預計可開採約四十噸黃金。受此消息影響，股價大幅上漲。假設投資者基於這則消息，在一千兩百日元時買進股票。

當天股價最高上漲至一二七〇日圓，一度產生七十日圓的未實現獲利，漲幅達百分之五・八。儘管當天股價後來回落，收盤價仍達到一二三一日圓，有三十一日圓的未實現獲利。然而，次日股價下跌，再隔一天甚至跌破買進價一千兩百日圓。在這種情況下，投資人可能會沉浸在之前曾擁有高達七十日圓未實現獲利的心境中，陷入「股價可能會反彈回去」這種自欺欺人的想法。然而，以住友金屬礦山的例子來看，若投

◆住友金屬礦山（東證 5713）的日線圖（2012 年 3 月～ 7 月）

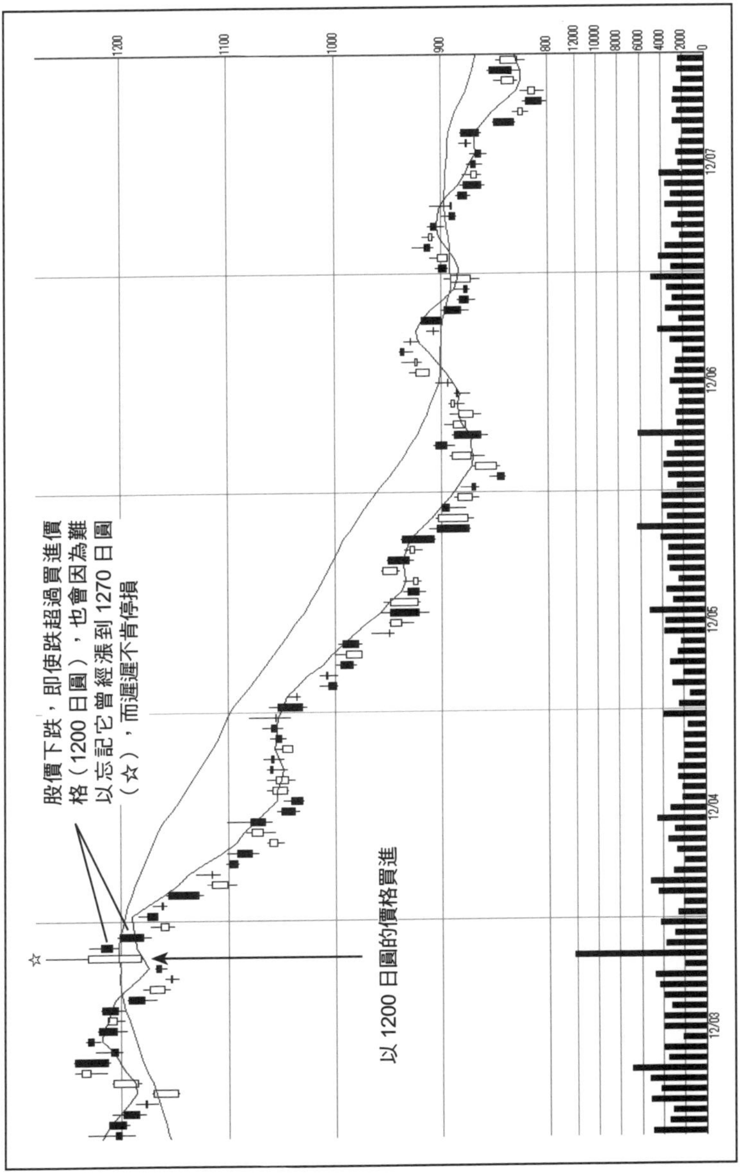

資人持續持有該股，到七月下旬時，股價最終會下跌至接近八百日圓。

當未實現獲利轉為未實現虧損時，投資人往往難以立刻接受現實。因為無法接受現實，所以選擇不作為，導致未實現虧損進一步擴大，損失越來越大。到最後，甚至可能會因為逃避現實，將虧損的股票置之不理，變成「套牢」的股票。

在住友金屬礦山的例子中，未實現獲利的持續時間很短，若未實現獲利的持續時間越長，投資者退出的難度就越大。這是因為隨著時間的經過，投資者會逐漸認定「這次交易能夠盈利」，更難下定決心撤出資金。這一點值得特別注意。

吳王的故事與住友金屬礦山的例子有個重要共通點，那就是「都是從成功開始」。正是因為一開始嘗到了甜頭，投資者容易沉浸於這份成功，將「成功列為基準」，使他們比平時更難決定要退出（停損）。最糟糕的情況下，可能會如同吳王一樣，陷入滅亡邊緣（破產危機）。因此，這一點務必要高度警惕。

那麼，陷入滅亡邊緣的吳王和孫武，後來的命運如何呢？儘管逃兵使吳軍兵力減少，孫武仍率領兩千名士兵，成功擊潰了楚國與秦國數萬聯軍的追擊。隨後，孫武又率軍回攻發生叛亂的吳國。儘管吳國的城池堅固難攻，最後仍被孫武攻陷，並徹底平定叛軍。這是在歷史上極其罕見的事件，吳王之所以能夠得救，全仰賴孫武如神一般的指揮能力。

需再次強調的是，吳王之所以犯錯，並不是因為他的愚蠢，每個凡人都可能犯下相同的錯誤。值得一提的是，吳王闔閭曾是春秋五霸之一，是接近日本所謂「天下人」的傑出人物。換到投資領域的角度來看，這表示即便是極其優秀的投資者，也容易因為「過去的榮耀」而掉入陷阱。事先了解到「未實現獲利轉為未實現虧損時，人們會比平時更難做出撤退（停損）的決定」，是相當重要的事。

如果過去曾與非常好看的女人（男人）交往，那麼人們往往將這段經驗作為基準，難以投入新的戀情。過去的榮耀，若在心中留下過於深刻的印象，可能會成為未來的一大障礙。

結論

不要以過去的未實現獲利盈餘，作為判斷的基準。
要意識到「從成功開始的情況，會讓人更難撤退（停損）」這一心理作用。

22 過於執著勝利的害處

許多人在投資時，會懷抱著各式各樣的目標與夢想。然而，隨著時間經過，往往會被與原本目標無關的其他事情，影響到你的投資決策。舉例來說，有些人可能因想購買某樣商品而覺得這個月不能輸，或者需要賺取生活費等等，這些情況因人而異。

顯而易見的是，這些情況只是個人的特殊需求，與市場的走勢毫無關聯。然而這些個人的特殊需求，對投資來說，往往會成為巨大的負面因素。**當不能輸的強烈執念等「個人的強烈情感」，凌駕於「現實的市場狀況」時，機率上更容易出現不良結果。**這種情況在歷史上也屢見不鮮，許多偉人都曾因此失敗。在本節中，讓我們同樣試著從歷史中學習教訓。

這次談的歷史故事，是第二十一節的延續，讓我們再來看看《孫子兵法》作者孫武的相關事蹟。

如同第二十一節所述，孫武與吳王闔閭一度成功攻陷楚國都城，但最後還是不得不撤退。回到自己的國家後，吳王始終無法忘記在楚國宮殿中的奢華生活。為了再次進攻楚國與其他國家，吳國必須充實國力、培養士兵、增加武器裝備、儲備充足的糧草，這些都需要龐大的資金。吳王雖然明白這點，卻仍無法割捨對楚國奢華生活的留戀，於是開始在吳國興建一座宏偉的宮殿。這座宮殿的建造費用極為龐大，孫武與其他參謀多次勸諫，但吳王充耳不聞。一旦開始建設宮殿，就會想要越蓋越豪華，吳王也不例外。事實上，最後的建設成本遠遠超出當初的預算。因此，吳國開始拖欠士兵薪資，武器品質變得低劣，許多本該用於國家發展的資源，也都無法投入正途。

此時，鄰國越國的國君去世。吳王認為這是千載難逢的機會，決定進攻越國。孫武極力勸諫，因為此時吳國士兵士氣低迷，武器裝備低劣，無法保證獲勝。然而，吳王對孫武的諫言大為震怒，下令他留守國內。面對吳王的決策，孫武相當懊惱，卻也只能目送吳軍前往越國戰場。

吳王在國內建造宮殿等行為顯示出，他心中渴望再次享受到在楚國宮殿那般奢華的生活。然而，實現這樣的生活需要更多領地帶來的收入支持。「該如何是好呢？」正當吳王苦思方法之際，傳來了「越王去世」的消息。越國是吳國的鄰國，規模比吳國小。如今越王駕崩，吳王認為自己定能戰勝越國，並可輕而易舉取得越國領地。

然而，越國有多位卓越的參謀，他們設計了一系列計策。他們數次讓觸犯死罪的越國死刑犯在吳軍面前自盡，讓吳軍放鬆警惕，多次成功擊退吳軍。某次戰役中，越軍假裝敗退潰逃。吳王見狀，以為時機已到，下令全力追擊越軍。在追擊途中，越軍事先安排好的伏兵突然發動攻勢，萬箭齊發，吳王闔閭最終在箭雨中戰死。如同第二十一節中提到的，闔閭是春秋五霸之一的傑出人物。然而，他為什麼會被越國這種小國擊敗，甚至喪命呢？

這個故事中有一些能運用在交易中的道理。接下來讓我們來看看具體的市場案例。

次頁為日成建築工業二〇一二年一月至六月的日線圖。

在二〇一二年年初，其股價大致在一八〇日圓到二〇〇日圓附近來回波動。假設此時為箱型整理行情，若在一八〇日圓左右買進，接近二〇〇日圓時賣出，似乎有獲利機會。假設我們在四月上旬以一八〇日圓左右買進，到了四月下旬，股價一度達到二〇〇日圓，於是我們在接近二〇〇日圓的地方獲利了結，賺取約二十日圓的收益，並

◆日成建築（東證 1916）工業日線圖（2012 年 1 月～ 6 月）

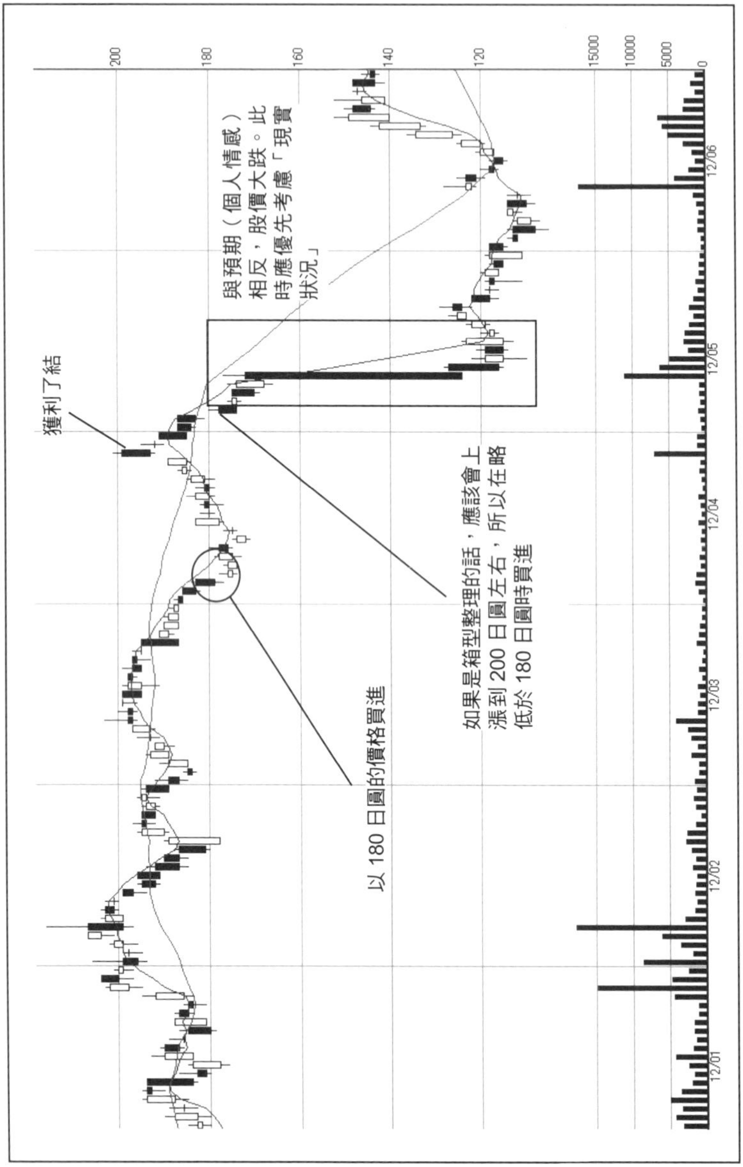

因此嘗到甜頭。到了五月上旬，該股股價再次跌到略低於一八〇日圓的位置，於是我們再次買進，並認為這仍是箱型整理行情，可以穩定獲利。然而股價逐漸下跌，並在五月十一日出現一根大黑Ｋ線，暴跌至低點。原本於一八〇日圓附近買進的股票，進一步跌破一二〇日圓，損失高達購買價格的三分之一。

這是一個過度依賴箱型整理行情的操作，認為必定能靠箱型整理獲勝（過於執著於勝利）的案例。當股價在突然下跌時，因為有這種執念而未能及時停損。當某種「個人的強烈情感」凌駕於「現實情況」時，就常常會出現上述情形。

吳王也是如此。在與越國的戰爭中，孫武指出無法制定必勝的策略，這代表著「現實情況對自己不利」。然而，吳王希望迅速征服越國，獲得土地、財富與名聲，這則屬於「個人的強烈情感」。即使「現實情況不利」，吳王依然優先考慮了「個人的強烈情感」而選擇出兵。最終，這個願望遲遲無法實現，使他逐漸產生焦躁情緒，做出魯莽的行動。對吳王而言，這次魯莽的行動直接讓他失去了性命。吳王失敗的關鍵原因，就在於「對勝利過度執著」。

無論是在戰爭中還是交易裡，過度執著於勝利，都會使人無法做出正確的判斷。這一點也符合本章後面第二十四節會提到的，《孫子兵法》所說「將有五危」的第一條「必死可殺」。因此，建議你牢記這一點。

吳王之所以過度執著於勝利，其中一個原因，就是因為他曾在楚國享受過奢華的生活。對於一些在交易中獲利過的人來說，給自己一些獎勵是很常見的行為。然而，超出分寸的獎勵可能帶來不好的後果，甚至可能會讓人在個別交易中，過度執著於勝利。

在交易過程中，你是否也有過過度在意勝利的情況？勝利固然讓人開心，但若能抱持「不會大敗就好」的心態，反而是最

請不斷檢視自己的「個人的強烈情感」，是否凌駕於「現實的情況」之上。

理想的。這樣的想法，能讓人在面對虧損時，學會如何「敗得好看」。能夠做到這一點的人，才是真正強大的投資者。

結論

隨時衡量「個人的強烈情感」與「現實的情況」，並確認前者是否已凌駕於後者之上。

23 確認小事與大事的優先順序

事情往往有其優先順序，其中最典型的例子就是小事與大事之間的關係。即使人們在理性上明白大事比小事重要，但有時仍會不自覺把小事擺在較優先的位置，將大事延後處理。確實，小事也能帶來一定的利益，但若弄錯優先順序，可能錯失大事能帶來的巨大收穫。這種情況在歷史上屢見不鮮，所以我們可以從歷史中獲得教訓。

這次，我們會從豐臣秀吉與德川家康在小牧長久手的戰爭來探討這一問題。天正十二年（一五八四年），德川家康為了支援向豐臣秀吉宣戰的織田信雄（織田信長的遺孤），率領大軍進軍至現在的愛知縣北部。得知此事的秀吉，也率領大軍自大阪出發，同樣進軍至愛知縣北部。最終，雙方軍隊在愛知縣小牧市附近對峙，家康率領了三萬五千兵力，而秀吉則擁有超過八萬的兵力。

兩軍對峙了一段時間後，秀吉決定派遣奇襲部隊，突襲家康的根據地三河（現在的愛知縣東部）。由於家康帶著大批兵力從三河進軍至小牧，若能奪下防守空虛的三河，家康的軍隊便會失去根據地，徹底崩潰。於是，秀吉令池田恒興率領先鋒部隊，加上另外三支部隊，共計兩萬大軍，於深夜祕密進軍三河。

秀吉的奇襲部隊一開始順利朝三河推進。但家康中途察覺了奇襲部隊的行動，驚訝的家康迅速集結兵力，追擊秀吉的部隊。奇襲部隊深入三河後，經過家康的一座支城，岩崎城（位於今愛知縣日進市）。這座城的守軍僅約兩百人，相較於奇襲部隊的兩萬人，幾乎不值得一提。

然而，奇襲部隊的先鋒池田恒興卻決定攻擊岩崎城。奇襲部隊的基本原則，是行動隱祕且迅速，但這次攻城行動顯然與此背道而馳。激烈的戰鬥持續了約兩小時，岩崎城守軍全數戰死，但這兩小時的耽擱，卻為家康帶來了逆轉局勢的機會。

追擊的德川家康終於追上了豐臣秀吉的奇襲部隊。家康迅速部署有利的陣形，對秀吉的奇襲部隊展開猛攻。突如其來的襲擊讓秀吉的部隊措手不及，來不及整隊便陷入大混亂，最終先鋒池田恒興以及眾多將士戰死。結果，小牧長久手之戰以家康的大獲全勝告終。江戶時代後期的歷史學家賴山陽曾評價，家康之所以能統一天下，關鍵不是在大坂夏之陣或關原之戰，而是在這場小牧長久手之戰。這場戰役的關鍵就在於，想要實現大目標，卻因小事而失敗。這裡的大目標是攻下三河，而小事則是攻取岩崎城。

投資時，投資人可能會弄錯小事與大事的優先順序。我最常遇到的案例，就是因為顧慮交易手續費（小事），從而錯失了交易時機或失敗退出（大事）。

以下介紹我的一個失敗案例。

某次，我發現一支股票「現在正是」極佳買進時機。當時我的交易畫面顯示的是現貨交易，而通常信用交易的手續費會比現貨交易低。為了節省手續費，我決定切換到信用交易的畫面再執行交易。然而，就在我切換畫面的短短時間內，股價迅速上漲，轉眼之間就比我認為「現在正是時機」的時候漲了許多。當我認為「現在正是」時機時，其他的投資者很可能也有相同的判斷。所以，當我在糾結於手續費（小事）時，其他人已紛紛搶先買進，最終導致我不得不以比預期高出許多（約數倍手續費）的價格買進股票。這就是因為關注手續費（小事）而錯失股價低點（大事）的典型例子。

確實，交易手續費是交易時不可避免的必要成本，節省這筆成本固然重要，但如果因過於在意手續費，使交易的整體損益逆轉，那就是本末倒置了。停損時同樣適用這個道理。在需要迅速撤出市場（停損）的情況下，如果因為顧慮手續費而猶豫不決，可能會被股價的劇烈下跌波及。一般而言，股價下跌的速度往往比上漲的速度快，因此當需要迅速撤出（停損）時，就需特別注意。

在需要把握進場機會或快速止損的情況下，不要過於在意交易手續費（小事），而應將重點放在交易本身（大事），這樣才能帶來更好的結果。

不過，在不需急於買進股票時，或者以

你現在正在做的事情（或打算做的事情），是大事還是小事？請養成權衡輕重的習慣。

長期投資為目標時，節省交易手續費這項成本也相當重要。在這些情況下，手續費的考量就無關乎小事或大事，而是必然的考量了。

這種小事與大事的關係，不僅適用於交易手續費，在其他情境中也同樣成立。例如，我過去收到的提問中，有三個常見主題，包括「交易時的環境」、「教育」與「有償資訊」。

交易過程中，獲取更多資訊通常能帶來優勢。使用電腦進行交易時，比起使用單一螢幕，裝設多個螢幕往往可以獲得更豐富的交易資訊。在這種情況下，購置螢幕的費用可視為小事，而獲得更好的交易資訊則是大事。當然，也有某些交易方式不需要多個螢幕，因此這點並非普遍適用。然而，如果多螢幕能稍微提升勝率，那麼就應優先考慮這項重要的大事。現今，螢幕的價格已大幅降低，若能因此提高交易勝率，那麼螢幕的成本實在微不足道。順便一提，我做交易時會使用十個螢幕。

接下來談投資的教育。雖然無意義的研討會不值得參加，但坊間也有不少內容非常扎實的研討會。假設參加某場研討會需要支付十萬元（小事），但如果能因此獲得超越這個成本的投資成果（大事），那麼就符合大事優先於小事的原則。我過去參加了無數次研討會，最終認為自己選擇了正確的大事。當然，我並不是在盲目推薦研討會，仔細審核研討會內容也是必要的。

最後是有償資訊。許多進行股票投資的人，可能會使用《會社四季報》（日本各公司的季報），即使有些人因不明白其用途或效果而未使用，但很少有人會因為覺得它不值得花錢購買而放棄；這是因為當了解其用法時，就會發現其資訊價值（大事）遠高於購買的成本（小事）。除了《會社四季報》外，坊間還有許多有償資訊。我也會利用那些我認為資訊價值（大事）超過其成本（小事）的資源。當然，即便是高價值的資訊，若因過量而導致自己資訊超載，效果也會大打折扣。因此，我們必須篩選資訊，確定其對自己有用，對我們來說才算是大事。

面臨兩件事物間的抉擇時，最重要的是先確認哪一件是大事。

結論

首先看清「大事」，再考量「小事」。這個順序千萬不能顛倒。

24 將有五危

讓我們用本書多次提到的《孫子兵法》，作為本章的結尾。

《孫子兵法》是中國古代兵法家孫武撰寫的著作，雖成書於西元前，可即使到了現代，依舊被視為一本探討人性心理的經典之作。現今流傳的《孫子兵法》，經過約七百年後的三國時代名將曹操的編注、整理與分類後，成為《魏武注孫子》（或稱《孫子略解》）。所以說，我們之所以能輕鬆閱讀《孫子兵法》，還要感謝曹操的功勞。《孫子兵法》全書分為十三篇，此次我們將探討〈九變篇〉中的「將有五危」。

在交易或運用資金時，若將錢比喻為士兵，那麼我們便是指揮這些士兵的將軍。士兵（資金）的生死存亡，全憑將軍的指揮調度。值得注意的是，當將軍的指揮出現疏漏時，原因往往可以追溯到《孫子兵法》中提到的「將有五危」。以下為「將有五危」的介紹。

故將有五危。
①必死可殺
②必生可虜
③忿速可侮
④廉潔可辱
⑤愛民可煩
凡此五者，將之過也，用兵之災也。
覆軍殺將，必以五危，不可不察也。

若將這段文字簡單翻譯與解釋，可以歸納如下：

簡單來說，將軍可能會因為五種陷阱而失敗。
①過於勇猛，拼命向敵人衝鋒的人，最終會被殺死。

②過於懦弱，一心只求活命的人，最終會淪為俘虜。
③脾氣暴躁，容易被敵人的挑釁激怒，做出輕率的行動。
④過於重視名譽與面子（尊嚴）的將領，會因害怕蒙羞而忘記作戰的真正目的。
⑤同情心過重的將領，會忘記大小輕重的分別，無法嚴格執行必要的行動。

關於這「五危」，解釋上可能略有差異，不過大致內容如上。

歷史上的戰爭中，因這「五危」而招致敗績的將領不勝枚舉。這次，我們以三國時代曹操的大將之一為例，介紹「五危」。

曹操有一位名為夏侯淵的部下，是他的親戚，也是一名勇猛的將軍。夏侯淵的武勇名震天下，當敵軍聽聞夏侯淵之名時，便會望風而逃，可見其威名之盛。

二一九年，夏侯淵駐守在定軍山。當時來犯的敵軍將領，是一位年老的武將和一名文官。從夏侯淵的角度來看，這樣的敵人似乎不足為懼。然而，此時身在首都的曹操，卻特意寫信給夏侯淵，囑咐他務必謹慎作戰。曹操之所以這麼做，正是因為他擔心夏侯淵會落入「將有五危」

中的第一個陷阱。

正如曹操所擔心的，在定軍山之戰中，夏侯淵仗著自己的武勇出擊，卻被敵將擊殺。據說，曹操得知這位親戚與最倚重的部下陣亡後，悲痛欲絕，流下眼淚，並留下了眾多名言之一。

「為將當有怯弱時，不可但恃勇也。」（身為將領，有時應該保持謹慎，不可盲目逞勇。）

這句話講的是五危中的①「必死可殺」，但與②「必生可虜」也並不矛盾。

接下來，讓我們試著把「將有五危」一一對應到交易活動上。

①過於渴望獲勝，未經深思熟慮便貿然交易。
②害怕損失而不敢進行交易，錯失良機。
③因虧損或結果不如預期而憤怒，衝動之下進行孤注一擲的賭博式交易。
④將他人對自己的評價或名聲置於交易損益之上。例如，為了向朋友或在部落格上炫耀自己的成功，進行原本不該做的交易。

⑤忽視大小事的輕重緩急，因執著於小事而有損大局。正如第二十三節提到的例子，過度關注手續費而造成更大的損失；或者執著於買入價格，未能在適當時機撤退或獲利了結，導致損失擴大或收益減少。

以上列出的五項，是從古至今人們常犯的典型錯誤。接下來，我們將逐一探討這些問題。

關於①「必死可殺」，如本章第二十二節所述，對勝利過度執著，會讓投資人在交易中無法冷靜判斷。正如前面提到的曹操名言「為將當有怯弱時」，這句話必須牢記於心。

關於②「必生可虜」，投資過程中，常會出現明顯的良機。如果連這種情況下都不採取行動，那就失去了投資的意義。在這種情況下不投資，表現出的是「絕不願意承受損失」的強烈意志。這與投資中的「防守」概念全然不同，反而說明此人需要重新審視自己是否適合進行投資。

投資必須具備提前準備好「停損」的心理準備。若抱著「絕對不能承受損失」的心態投資，將無法正確地停損，一次失誤可能直接導致嚴重損失（資產大幅縮水）。這就是「必生」導致「被俘虜」的情況。因此，當不願承受損失的心態過於強烈，投資反而會失敗。投資人必須清楚區分「絕對不能承受損失」與「必要的損失」之間有何不同，並對此進行學習。

關於③「忿速可侮」，在第一章第四節中提到，人類情緒對交易的影響遠遠超乎想像（即平常狀態與異常狀態下的心理差異）。而在本節此處，則會探討人在憤怒情緒下的交易情境。

投資時，人常會因為自己的預測與實際結果相反而感到憤怒。這種情緒的強弱，會因情境與個人差異而有所不同，但當人陷入強烈的憤怒情緒時，就無法冷靜判斷是非。這種「憤怒」，就是「將有五危」中最危險的情境之一。因為當人充滿憤怒時，會忽視「現實狀況」，而以「憤怒」為優先，豁出

不要失去理性，忘記大小事的輕重緩急
不要過於小心謹慎
不要過度在意名聲
不要沉不住氣
不要逞一時之勇

「將有五危」包含了在交易中不可或缺的重要教訓。

去做出毫無計劃的行動。有些人在平時冷靜時，連一萬日圓的交易都非常謹慎，但一旦陷入這種狀態，可能連十萬日圓甚至一百萬日圓的交易也會毫不猶豫地進行。

然而，這麼做的結果往往相當慘烈。到了這種地步，這已經不再是投資，而是賭博。而且當憤怒占上風時，這甚至稱不上是普通的賭博，因為即使輸的機率高達七成，也可能因憤怒而不顧一切地投入其中。這正是將有五危中列舉這一點的原因。

在投資過程中，若感覺到自己的情緒被憤怒控制，應立即停止投資行動，首先該考慮的，是如何讓自己冷靜下來。在內心充滿憤怒時，這可能不容易，可如果任由憤怒驅使投資行動，最壞的情況可能導致全軍覆沒（資產大幅縮水）。正如第一章第四節中提到的，人在平常狀態與異常狀態下的思考截然不同。「憤怒」的情境正是一種完全的異常狀態。因此，正如第二章第十二節所說，我們應該在平常狀態下事先模擬，假設自己在被「憤怒」支配時如果繼續投資，資產可能出現顯著損失。根據我的經驗，這種模擬雖不能保證百分之百有效，但在關鍵時刻確實能發揮很大的作用。投資是由活生生的人進行的。如果讓情緒主導投資，那麼等待我們的可能是無法挽回的後果。事先認識到這一點，是相當重要的事。

關於④「廉潔可辱」，首先我們要重新確認，投資的目的究竟是什麼。一般來說，投資的主要目的是「獲取利益」。然而，如果將「自己的評價與名聲」這些和本來目的無關的動機，與真正的主要目的混為一談，即使原本能成功的事情也可能變得難以順利完成。

特別需要注意的是，有時我們可能在無意識中出現這樣的心態。如果自己能意識到這點，多少還能保持一定的警惕，但若是在毫無察覺的情況下，還據此進行投資決策，則會變得非常危險。假如在投資中，將「現實的情況」置於次要位置，優先考慮「自己的評價與名聲」，那麼最後的勝率將大幅下降。偏離原本目的的行為很難帶來好的結果，這正是「將有五危」中列舉這一點的原因。我們需要再三確認，投資的真正目的到底是什麼。

關於⑤「愛民可煩」，正如第二十三節提到的，這與「小事與大事的輕重緩急」有關。對此，我們必須確認最重要的事情到底是什麼。

結論

試著了解人們容易失敗的原因，因為我們也同樣容易犯下這些錯誤。請事先認知到這一點。

第五章

攻擊時的正確觀念

25 在效率最高的時候積極交易

投資時，什麼時候進場交易最有效率？

由於市場狀況千變萬化，我們無法一概而論地說「就是要在這裡」進場交易。但無論如何，效率是極為重要的一件事。**能否找到最有效率的進場點，往往是成敗的關鍵。**本節讓我們從關原之戰中，關原附近農民的行動中學習教訓。

慶長五年（一六〇〇年）九月十五日，石田三成率領西軍約八萬四千人，與德川家康率領的東軍約七萬四千人在關原（位於今岐阜縣）激戰。最後結果如大家所知，東軍德川家康獲得壓倒性的勝利，石田三成則遭處刑。然而，這只是戰爭結束後的結果論。戰爭初期，局勢完全不明朗。單從兵力數量來看，石田三成的西軍人數較多；就布陣而言，西軍將關原團團圍住，東軍則是擺出從中間突破的陣勢。據說，曾在明治時代擔任日本軍事顧問的德國少校梅克爾（Jacob Meckel），在初次看到關原之戰東西兩軍的布陣後，立刻斷言西軍必勝。由此可見，石田三成所率的西軍在布陣上占據了壓倒性的優勢。

然而，他們的對手是被譽為戰爭高手的德川家康。明知處於劣勢，依然發動決戰，自然讓人猜想他一定有某些勝算。在這種情況下，無人能在戰爭開始前預料究竟誰勝誰負。

關原之戰還留下了這樣的逸事。住在附近的農民們帶著便當爬上山，觀賞這場世紀之戰。他們親眼目睹東西兩軍共計十六萬人殺聲大作的壯觀景象，這是日常生活中難以想像的畫面。可見當時的場景多麼震撼。

但農民們並非單純出於好奇心去觀看這場戰鬥，其實他們是在等待時機。因為一旦某方敗退，便是他們大賺一筆的機會。抓捕敗軍士兵是一筆能一夜致富的生意。另外，戰場上到處散落著鎧甲、長槍、刀劍，以及其他物品，對於每天溫飽都成問題的貧困農民而言，這是一個難得的收入來源。而像關原之戰這樣的大規模戰役，更是人生可能僅此一次的大好機會。

如果將關原之戰東西兩軍的勝敗比喻作股價的漲跌，那麼農民們選擇「攻擊」的場景，以及察覺危險迅速「撤離」的場景，可分別對應於投資交易中的進場時機和停損時機。我們可以從中得到什麼啟發呢？讓我們來思考看看。

交易時，理想的進場點應該是在預期能獲得較大報酬，且當萬一情況不利時，能夠輕易判斷停損時機的時間點。讓我們來看看實際的市場狀況。

次頁為二〇〇四至二〇〇六年，日經平均指數的週線圖。從二〇〇四年初到二〇〇五年夏季，可以清楚看到日經平均指數穩定在一〇五〇〇日圓至一一四〇〇日圓（或是一二〇〇〇日圓）之間波動。這類型的市場走勢稱為箱型整理。在這張線圖中，若想在二〇〇五年八月股價突破一二〇〇〇日圓時交易，應該選擇哪個位置進場最為理想呢？

考慮效率時，不僅要分析表面數據，還應結合潛在的人性心理進行判斷。這樣的綜合分析，能顯著提高對效率的判斷準確性。基於「人總是傾向於認為自己的行為是正確的，否定自己的行為會帶來痛苦」這一基本心理，我們可以進一步探討理想的進場位置與策略。

◆ 日經平均指數的週線圖（2004 年～ 2006 年）

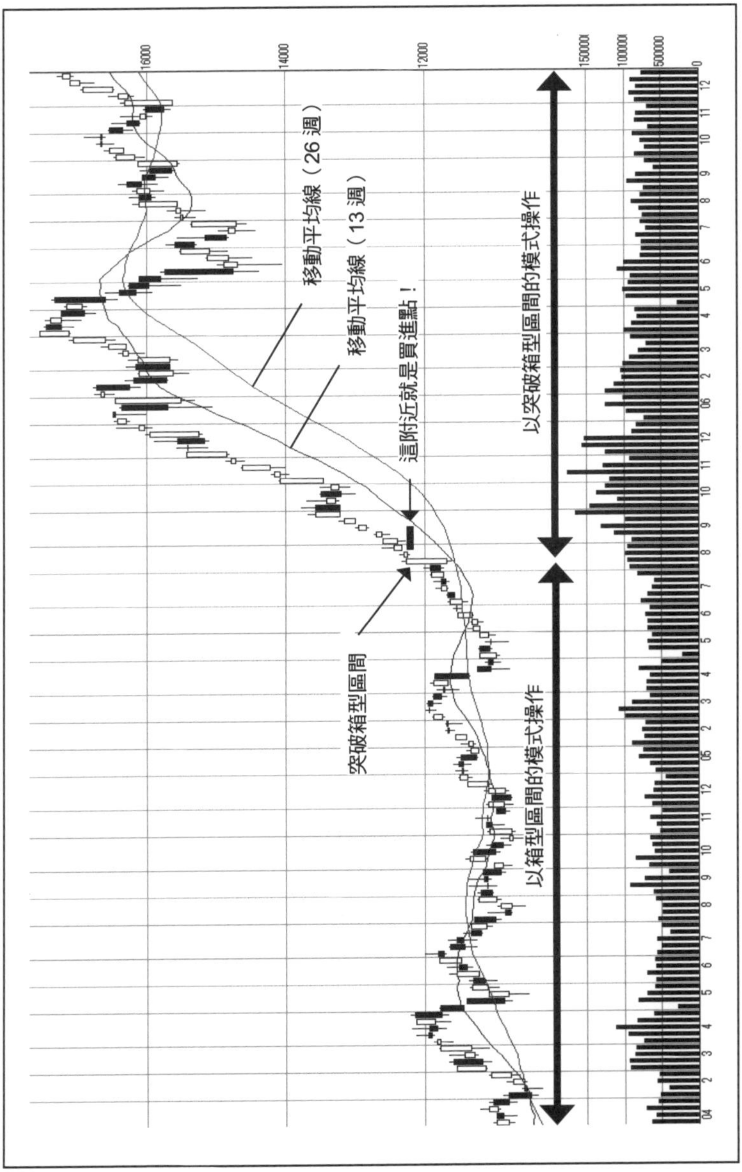

首先，若在大約一〇六〇〇日圓左右買進時會如何呢？

先說結論，這種情況下，多數情況會以小幅獲利了結告終。原因在於，當市場在箱型區間內多次上下波動，並一再令投資者期望落空時，人們對原本抱有的期待會逐漸失去信心。這可以聯想到童話《狼來了》的故事。人們期待這次市場能突破箱型區間，但股價再次回落至原來的位置，這使得投資人越來越懷疑市場突破箱型區間的可能性。因此，當價格稍微上漲時，人們更傾向於快速實現小額獲利來驗證自己的行為是正確的。這樣做雖然帶來短期滿足，卻往往會錯失更大的潛在獲利。有些人可能會認為，如果在小幅上漲時獲利了結後，股價持續上升並突破了箱型區間，到時可以再重新買入。我們之後會提到，投資人就是認為股價不會突破箱型區間，所以才獲利了結。在實際情況中，投資人若要重新進場，就需要面對心理挑戰。「之後再買進」這種行為否定了自己先前的決策，而人類的本能通常讓我們不願輕易否定自己的行動。除非具備相當的交易經驗，否則大多數人難以在突破後迅速重新買進。正是因為這種「人類特有的習性」，大幅提高了投資人錯失突破一二〇〇〇日圓後大幅上漲的機率。

那麼，如果在約一一四〇〇日圓時買進會如何呢？

同樣先說結論，當日經指數向下波動時，即使投資人理智上能理解市場可能仍在箱型區間內，但實際上會有許多人選擇賣出停損。這是因為「恐懼」兩字開始於腦中浮現，影響了他們的行動。

當日經平均指數再次跌到箱型區間的下限附近時，投資人會先猜疑「這次是否真的會突破箱型區間下限」。一般情況下，當市場出現利空題材（壞消息）時，相關消息往往接踵而至。當指數跌至箱型區間底部，猜疑心已經產生，如果又有壞消息傳出，人們常會認為「這次真的要突破底部了」。於是，猜疑心轉化為恐懼心理，迫使人們慌張賣出（停損）。在箱型區間的底部停損後，如果日經平均指數隨後回升，投資人可能會發現自己難以立刻重新買進。因為在底部停損的行為否定了自己先前的決策，而人們本能上會避免做出否定自己的行為。請銘記，「人類不願輕易否定自己的行為」，這是一種十分重要的人類習性。

這裡，我們可以從關原之戰中的農民們身上，學到一些教訓。

在關原之戰中觀望戰爭進行的農民們，只有在勝負方確定後才會採取行動。這很理所當然，因為在東西兩軍混戰的過程中，他們只會待在山上吃著便當觀察情勢，絕對不會貿然衝進戰場。

交易也是一樣。投資人應在確認股票價格高機率突破箱型區間後再行動。在線圖中可以看到，二〇〇五年八月十日，日經平均指數突破了一二〇〇〇日圓。但因為可能是假突破，我個人的方式是再觀察幾天。如果是假突破，就必須立即停損並撤退。就像關原之戰中，萬一原本敗退的西軍陣營突然重新集結並反攻，農民們一定也會立刻逃跑。觀察八月十日之後的走勢，可以發現接下來的一週，日經平均指數穩定在一二二〇〇日圓附近徘徊，形成了堅固的支撐。在這種情況下，可以判斷日經平均指數高機率已成功突破箱型區間。此時，投資人應該果斷出手，就像關原之戰中的農民抓住機會行動一樣。

在這種走勢下，最有效率的交易時機就是「此時」。無庸置疑，這個時間點是最理想的進場點。隨後，日經指數幾乎沒有顯著回調，並在二〇〇六年一月攀升至約一六五〇〇日圓附近。

補充說明一下，在二〇〇四至二〇〇六年的情況中，最佳的交易策略是在箱型區間的底部附近買入，然後在箱型區間的頂部附近賣出（或者在箱型區間的頂部附近放空，再於箱型區間的底部附近回補），如此反覆操作。而在二〇〇五年八月的情況中，則是當箱型區間被確實突破向上時，要再次於突破位置買入。

表面上看起來，上述內容似乎有矛盾，但這裡的關鍵是「基於交易的目的，採取不否定自己的行動」。當你在箱型區間的頂部獲利了結時，這是以「箱型區間內的交易」為目的。因此，在箱型區間突破後再買入，已經與「箱型區間內的交易」無關，而是一個全新的「突破箱型區間後的交易」。「箱型區間內的交易」在箱型區

戰爭進行中（勝負未定時），保持觀望，
靜觀其變……

戰爭結束後（勝負已分時）迅速行動，
收集戰利品！

間內獲利了結後，便完成了整個操作，完全沒有否定自我。如果你認為「如果當初沒有賣出，應該能賺更多」的話，便是犯了以結果論的錯誤邏輯。

正確的投資觀念，應該是「**在結果尚未揭曉前，選擇當下效率最高的時機操作**」。每次交易都要考量當時的優勢，果斷執行，並專注於追求當下最有效率的交易。

結論

時時刻刻都要思考，如何在效率最高的時機下交易。

26 不要只考慮局部，而是要考慮整體狀況

投資活動中，勝與敗都會反覆出現。那麼，什麼時候才能算是在投資中的「勝利」呢？暫時性的投資勝利並不是真正的勝利。除非你決定從此以後絕對不再做任何投資，否則在勝利的情況下，大多數人還是會繼續投資。那麼，什麼才是真正的勝利呢？真正的勝利，是即使一時失利，也能長期持續獲勝。要長期獲勝，必須儘可能排除偶然，並基於合理的理論來操作。

在本節中，我們將探討在投資裡持續勝利所不可或缺的思考方式。投資活動中，「不要只考慮局部，而是要考慮整體狀況」，這個基本理念相當重要。甚至可以說，如果無法理解這個概念，就不可能在投資中長期獲利。這也是歷史上許多偉大人物的思考方式。以下就讓我們來介紹這個概念。

西元前四世紀左右，中國有一位名叫孫臏的人物。他被認為是《孫子兵法》作者孫武的後

裔。孫臏才華出眾，卻因此遭到曾任大將軍的老友龐涓背叛，遭受臏刑（砍斷雙腳）。他的性命也受到威脅，但最後被齊國的一位將軍田忌救下，隨後便住在這位將軍的家中。

這位齊國的將軍非常熱衷賭博，常與齊國的公子們賭馬車競速。每次比賽分成三輪，雙方每輪各派一輛馬車來競速。然而，由於公子們的馬比將軍的馬稍微優秀一些，所以田忌總是敗多勝少。田忌常在賭局中輸掉大量金錢，於是向孫臏請教。孫臏則為他提供了一個策略。

每次雙方拉馬車的馬共有三匹，可分別分為「上」、「中」、「下」三個等級。將軍原本的策略是，用自己的「上」等馬對抗公子的「上」等馬，用自己的「中」等馬對抗公子的「中」等馬，依此類推。然而，孫臏建議他改變策略，用自己的「下」等馬對抗公子的「上」等馬，用「上」等馬來對抗公子的「中」等馬，再用「中」等馬對抗公子的「下」等馬。這樣的策略雖然必定輸掉一場比賽，卻能夠在剩下的兩場比賽中占據優勢。

在某次馬車賭局中，田忌開始頻頻獲勝，引起注意，甚至連齊國的國君齊威王，也就是公子們的父親，也加入賭局，想與田忌一決高下，結果仍是田忌連戰連勝。齊王很好奇，為何田忌突然能連戰連勝，於是詢問他原因。田忌則告訴齊王，是因為自己身邊有位非常厲害的人才。孫臏於是獲得齊國國君賞識，被拔擢為齊國的軍師。成為軍師之後，孫臏在接下來的多次戰役中屢建戰功，帶領齊國取勝，名聲也響徹天下。孫臏也留下了一部兵法，為與孫武的《孫子兵法》作出區別，孫臏的兵法被稱作《孫臏兵法》。考古學家也在如今的中國山東省境內，發現了孫臏的兵法書竹簡。

這段關於孫臏與馬車比賽的故事，也是在投資中長期獲勝的基本思考方式。正如孫臏的故事所示，他追求的是高機率的二勝一敗，而不是低機率的三勝。

接下來，讓我們將這段故事結合投資，回顧第二十五節提過的二〇〇四至二〇〇六年間日經平均指數走勢。

二〇〇五年八月日經平均指數突破了箱型整理區間。讓我們先假設這是一個「假突破」（參考次頁），看看會發生什麼事。

我們判斷指數突破箱型區間，於一二三〇〇日圓左右買進，卻因為這是假突破，指數隨後跌至約一一八〇〇日圓。這時我們已確認是假突破，故最初買進的理由已不成立，此時應果斷止損。於一二三〇〇日圓買進，一一八〇〇日圓賣出，損失為五〇〇

◆ 日經平均指數週線圖（2004 年～ 2006 年）

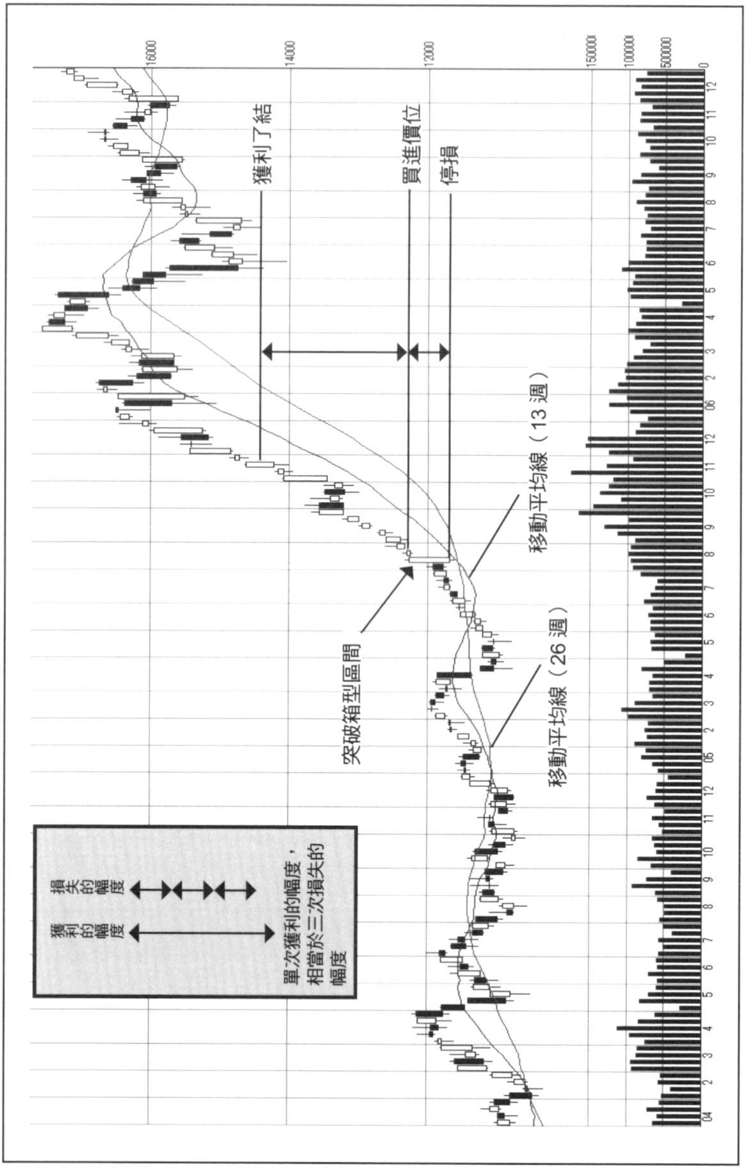

日圓。

再來讓我們假設二〇〇五年八月之後的走勢與實際走勢相符。同樣再一二三〇〇日圓買進，隨後一路上漲，我們或許無法一直持有到二〇〇六年的一六五〇〇日圓這個高價位。我們可能會為求安全，於一四四〇〇點獲利了結。如此一來，從一二三〇〇日圓買進至一四四〇〇日圓賣出，結果為獲利二一〇〇日圓。

假設這種情況共發生四次，其中一次成功突破箱型區間，但三次運氣不佳碰上假突破，結果為一勝三敗。雖然勝率不高，但一次成功帶來的二一〇〇日圓獲利，扣除三次失敗中每次損失的五〇〇日圓（總損失為一五〇〇日圓），依然有六〇〇日圓的淨利。

依照這個模式，**持續參與獲利機率較高的交易**。若運氣稍佳，可能會出現三勝一敗的情況。此時的獲利為二一〇〇日圓×三＝六三〇〇日圓，損失為五〇〇日圓，六三〇〇減去五〇〇，可得淨利為五八〇〇日圓，相當可觀。

因此，只要採取以防守為第一的態度，持續進行效率高的交易，長久下來便能獲利。這就是「**不要只考慮局部，而是要考慮整體狀況**」的概念。即使某筆交易損失，只要與其他交易加總後為獲利，整體而言仍為獲利。若企圖全勝，則如先前馬車比賽的故

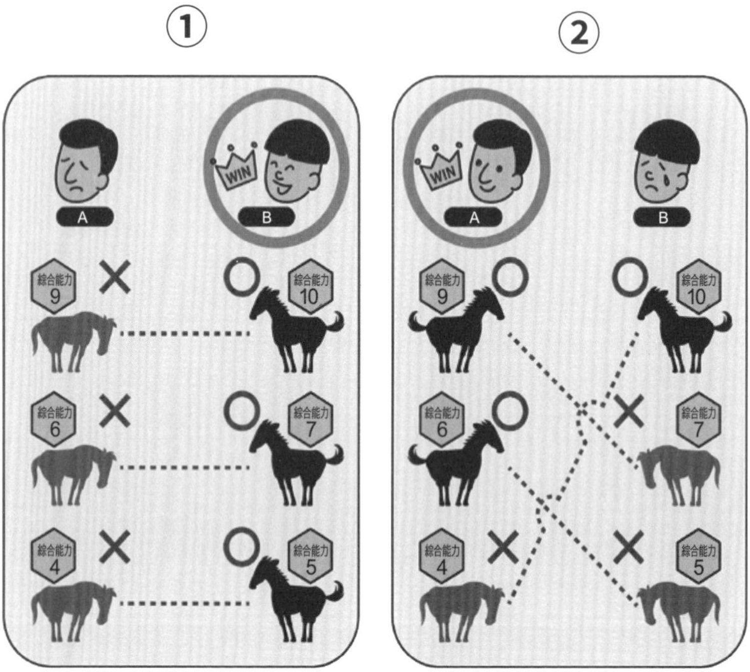

即便 A 的馬的綜合實力不如 B 的馬（①），但透過合理的策略安排，A 依然能取得整體的勝利（②）。

事般，可能會全敗或者增加失敗風險。投資活動中，應主攻高勝率的交易。若失敗機率高，則應靜觀其變或適時撤退，確保損失控制在可接受範圍內。以大局為重，避免局限於狹隘的視野，保持綜觀全局的觀念，才是最佳策略。

將「考慮整體狀況」作為核心理念，還能帶來一些正面的附加效應。其中之一就是更容易在局部的交易（單次交易）中確實停損。尤其是對於那些明知應該停損卻遲遲無法行動的人，最好能夠牢記孫臏在故事中體現的精神，即「取得整體上的勝利」。

結論

不要只考慮局部，而是要考慮整體狀況。

27 注意關鍵價位

股票的某些關鍵價位具有特殊意義，譬如移動平均線、近期高點與低點，以及成交量集中的價格區間等。是否有意識到這些關鍵價位，會顯著影響到投資獲利。這是因為，這些關鍵價位往往是多數投資人共同關注的目標。

歷史上的戰爭中，同樣有許多能看出這些關鍵時機之重要性的策略家。本書多次介紹過的諸葛孔明便是其中之一。這次也讓我們從諸葛孔明的視角，學習如何掌握關鍵時機。

有一類戰爭，主動方的優勢最大，那就是追擊戰。追擊戰中，追擊方會殲滅逃跑中的敵軍。歷史上的許多戰役中，追擊戰往往能給敵人造成決定性的打擊。有時，僅僅一次成功的追擊戰，就能決定整場戰爭的勝負。

一般來說，追擊戰發生在戰鬥結束後，敵軍開始撤退時。這種情況下，敵軍會因為陷入恐懼而士氣低落，甚至會丟棄武器逃跑。追擊戰正是趁勢追擊並殲滅敵軍的作戰方式，追擊方通常占有壓倒性優勢。

諸葛孔明在與魏國的多次戰鬥中屢次獲勝，並展開追擊戰。在他的追擊戰中，被消滅的魏軍士兵多不勝數。

然而，儘管追擊戰的勝率高，戰果豐碩，有時卻會遭遇敵人的意外反擊。當敵軍的將領是優秀人物時，便不能輕率追擊。因為優秀的將軍往往在作戰時，已經考慮到敗戰的可能性，並為此做好了相應的準備。

與孔明對陣多次的魏國名將司馬懿便是這樣的人。司馬懿的智慧廣為人知，孔明在與司馬懿交鋒時，總是保持著最高級的警戒。對陣中，孔明雖然多次擊敗司馬懿，迫使其敗退，進入追擊戰。對戰勝的一方來說，追擊敵人是理所當然的事。但在追擊的過程中，孔明會在某個階段停止追擊。因為追擊到一定程度後，可能不熟悉前方地形，或者地勢對我方不利。孔明深知司馬懿是魏國最傑出的將領，所以在這些關鍵時機絕不會冒險深入。

事實上，像司馬懿這樣的將領，通常會為失敗作好準備，譬如在後方安排預備部隊或修築堅固的城砦。一旦敵軍輕率追擊，他就可以利用城砦拖延敵方，使敗退的部隊有時間重整旗鼓，甚至可能反敗為勝，逆襲反攻來扳回戰局。正因為孔明非常了解司馬懿的這類策略，才不會輕率冒險追擊。

在交易中，也會有類似的場景，接著就讓我們來看看實際的市場案例。

以下是日立建機在二〇一二年七月至九月的日線圖。

在這段期間，股價於七月二十五日時有一個暫時性的低點，隨後開始反彈，但之後再次下跌，並於九月六日出現第二個低點，形成所謂的「W底」。而在九月六日觸底之後的次日（九月七日），股價拉出了一根紅 K 線，且成交量顯著增加，顯示出反轉上漲的跡象。

假設我們在九月七日股價突破一三〇〇日圓時買進該股票。次日股價跳空上漲，隨後雖有小幅回調，但到了九月十四日再度上漲，一度創下高點一三八四日圓。從圖表上看，這是一個非常漂亮的形態。在股票投資中，盡可能拉長盈利空間是最佳策略。

◆日立建機（東證 6305）的日線圖（2012 年 6 月～ 9 月）

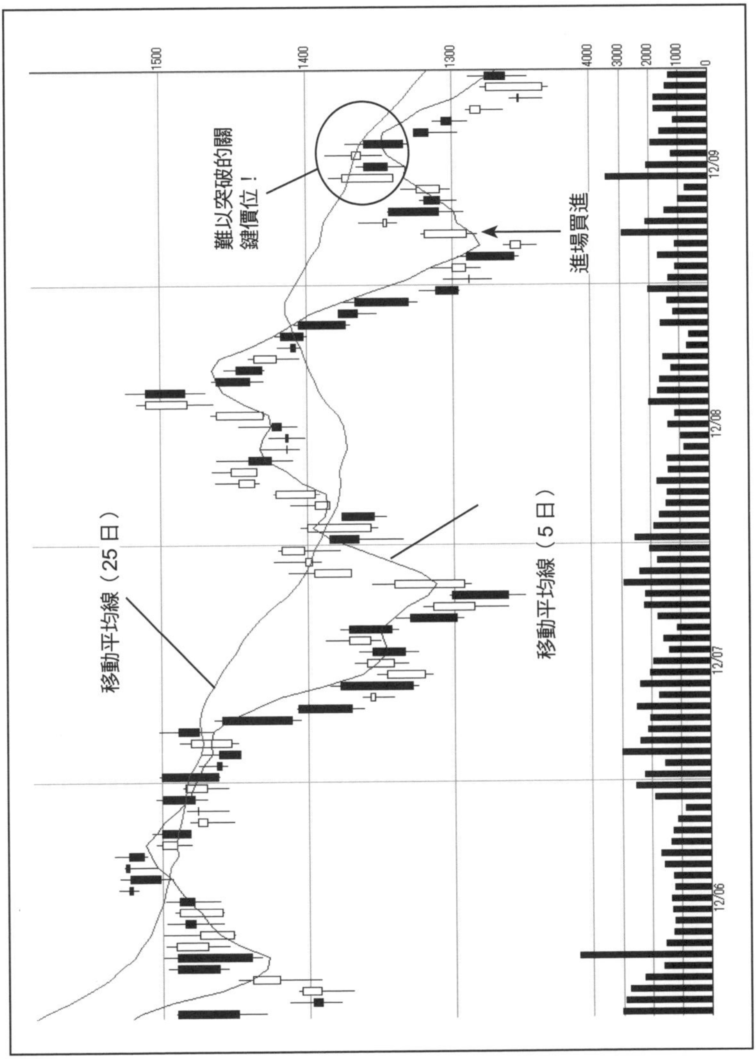

以諸葛孔明的例子來看，這正是一個展開追擊戰的機會。

然而，在這個時候需要注意的是「關鍵價位」。股價於十四日進一步上漲時，其二十五日移動平均線達到一三七〇日圓。二十五日移動平均線為過去二十五個交易日收盤價的平均值。許多投資人會關注這條線。因此，股價在十四日收盤後的下一個交易日，先是受阻回落，但之後於十九日再度上漲。然而，十九日的股價無法守住高點，收盤接近二十五日移動平均線。到了二十日，雖然股價再度向上突破二十五日移動平均線，但仍無法維持，隨即轉為下跌。二十一日時，更回落到接近買進價位的價格。

這種情況下，應該考慮停損，或在小幅獲利的情況下撤退。當初雖然因「W底」形態出現，期待反彈而買進，但股價在二十五日觸碰到移動平均線後受阻回落，表示市場未能突破這一關鍵阻力位置。二十五日移動平均線這樣的特殊價位，就像是歷史上的司馬懿發起反擊的位置。諸葛孔明遇到道路不熟悉等情況時，會選擇停止追擊，保持當下的戰果。同樣的，交易中面對移動平均線這類關鍵價位時，必須清楚意識到「敵人反擊」的風險。

股票位於關鍵價位時，應根據最後的「結果」，判斷股價會突破關鍵價位繼續上漲，還是像日立建機這樣遇阻後回落。如果發現股價回落，就必須迅速採取應對措施（撤退）。為避免誤解，這裡需要特別強調的是，並非觸及移動平均線之類的關鍵價位就必須立即撤退（但如果在關鍵價位之前已有足夠的未實現利潤，那麼選擇在此價位停利也是一個合理的策略）。在投資時，首要目標是盡可能擴大獲利。在日立建機的案例中，需判斷股價是否能突破二十五日移動平均線並繼續上漲，還是反轉下跌。如果股價突破並繼續上行，則可期待更高的股價目標。反過來說，如果股價反轉下跌，那便是撤退訊號，應果斷行動以保護本金或已有的未實現獲利。

關鍵價位就像竹節一樣，難以輕易突破。

如果知道自己處於關鍵價位，但走勢不如預期，便可實現獲利或承受輕微損失並撤退。而如果走勢如預期，則可大幅增加獲利。在這類關鍵價位，股價方向轉變的可能性較其他價格區間更高，充分掌握這一點，必能提高勝率。

此外，不僅要關注日線圖上的移動平均線，還應關注週線圖上的移動平均線。這樣能更精確地掌握關鍵價位。譬如日線圖上的五日、二十五日移動平均線，週線圖上的十三週、二十六週移動平均線，還有過去成交量密集的價格區間，以及像五百日圓、一千日圓這類整數關卡，或者近期的高點與低點，都是投資者普遍關注的重要關鍵價位。

結論

隨時注意股票的特殊價位。

28 交易大筆金額時的觀念

投資過程中，有時會遇到極具潛力的機會。然而，即使是機會，也不是只有好的一面，通常也會伴隨相應的風險。當遇到這樣的大好機會時，是否應該提高投資金額呢？這是過去我經常被問到的問題之一。相信許多投資人也有相同的困擾。

正如我在第一章第五節「千萬不要投入可能損失所有資產的投資活動」中提到的，我在這種機會下，會優先遵循既定的投資優先順序。試考慮以下情境。

①獲利為二　與　虧損為一（預期獲利為二，風險為一）

②獲利為二十　與　虧損為十（預期獲利為二十，風險為十）

讓我們比較一下情境①的交易，以及提高投資金額的情境②的交易。在情境①中，如果要獲得與情境②相同的預期獲利，就需要進行十次交易才行。考慮到這一點，情境②確實能節省時間。然而，需要注意的是大數法則。分母（交易次數）越多，結果就越接近機率。因此，若要追求更高的安全性，應採取多次情境①的交易。

由於情境不同，故沒有「一定正確的選擇」。規模越大，決策就越困難，只有這點是無庸置疑的。

其實，從歷史上許多偉人的行動中，也能看出他們在重大決策時的煩惱。以下介紹其中一個例子。

慶長五年（一六〇〇年），東軍的德川家康與西軍的石田三成之間，爆發了知名的關原之戰。正如第四章第十七節中提到的，這場戰爭的範圍並不限於關原，於現在的長野縣也有相關戰事。這次，我們將從德川秀忠的敵人，上田城（位於今長野縣）城主真田昌幸的視角，來討論這場戰爭。

石田三成在西方舉兵時，關東的德川家康也率軍西進。在此期間，各地的大名為選擇支持哪一方而苦惱不已。上田的真田昌幸也是其中之一。經過與兩位兒子長時間的討論，他最終決定要支持西軍的石田三成。同時，其他大名也根據各自的考量，有的選擇支持西軍，有的則選擇東軍。他們選擇支持對象的依據，包括了領地的地理位置、過去的恩怨與婚姻關係等因素。

真田昌幸的領地位於上田（今長野縣），若選擇支持西軍，會是個相當不利的地理位置，幾乎可說從一開始就註定滅亡。因為他的領地位於德川大軍西進路線，中山道的附近。另外，周圍的領地幾乎沒有其他可能支持西軍的大名。換句話說，他只能孤軍對抗德川的大軍。

真田昌幸年輕時期曾侍奉武田信玄，為奧近習眾*之一，並被信玄稱為「我的眼」，是一位相當傑出的人物。

在關原之戰前，真田昌幸曾有一段時間與德川為敵，甚至遭到德川軍的攻擊。然而，真田昌幸憑藉劣勢兵力，成功擊退德川大軍。他的次子真田幸村（信繁）在後來的大坂之陣中，更因變幻莫測的指揮能力而被譽為神一般的軍師。昌幸不僅是幸村的父親，也是幸村的戰事老師。另外還有這樣的傳說：在大坂之陣之前，當德川家康得知真田軍進入大坂城的消息時，竟驚恐

*編註：指武田信玄作為得力幹部、著力培養的六名近臣。

地握住房間的木門顫抖不已，連問了兩次「是父親還是兒子」，可見真田昌幸的威名與實力。要說昌幸慧眼獨具，那是名符其實，石田三成於西方舉兵之際，昌幸便準確預測「東西兩邊的勝率是七比三，德川應該會贏吧」。當時，沒人能預測最後的勝負，甚至多數大名認為西軍較有優勢。既然真田昌幸預測勝率是七比三，那他為何還是選擇支持較為不利的西軍呢？

真田昌幸清楚地分析了風險與報酬的關係。若選擇支持東軍（德川家康），即使一如預期由東軍獲勝，自己能得到的賞賜也微不足道，成就有限。反之，若支持西軍（石田三成）且西軍獲勝，他則可能獲得相當於一百萬石規模的賞賜，晉升為大型大名的機會很高。而且，以真田昌幸的軍略能力來看，成為大型大名後，甚至能讓真田家有一爭天下的可能，這就是最大報酬。反過來看，如果西軍敗北，自己戰死，但由於長男真田信幸（信之）支持東軍的德川一方，真田家也不致斷絕。這就是他的風險規避方式。真田昌幸在投入這場決戰時，成功設計出了損小利大的風險與報酬結構。

就像真田昌幸的例子一樣，當我判斷眼前有極具潛力的大好機會時，就會投入大筆資金，進行大膽的交易。這種情況下，我常會參考真田昌幸的思考方式。

判斷是否投資時，我大致會以兩個項目作為基準。

①預測的勝率

②可能獲得與失去的利益（金額）大小，特別是要計算風險可能帶來的最大損失。

這裡絕對需要注意的是，不要進行可能全軍覆沒（失去所有資產）或損失一半資產的交易（絕對不能這麼做）。這一點已在第一章第五節中提過。

基於以上兩個觀點，我將介紹我實際經歷過的交易案例。

二〇一二年十月，傳出住友商事與ＫＤＤＩ將以股票公開收購（ＴＯＢ）的形式，收購有線電視巨頭Jupiter Telecom（東證４８１７）的消息。股票公開收購，是指收購方以一定價格（ＴＯＢ價格）進行收購，公開呼籲其他股東出售其持有的股票。通常，ＴＯＢ價格都會在當前股價基礎上，附加一定程度的溢價。二〇一〇年二月，住友商事就曾進行過一次針對Jupiter Telecom的ＴＯＢ，當時的ＴＯＢ價格為一三九五〇〇日圓。因此，雖然此次ＴＯＢ價格尚未正式公布，但根據前例，我判斷此次TOB價格很可能與前次相同，仍然是一三九五〇〇日圓。這對我來說是一個絕佳的交易機會。

消息發布後的首個交易日，股價因買盤湧入而漲停至九七七〇〇日圓，並採取比例分配方式成交，而我的買入指令僅成交了兩股。次一個交易日，股價再次漲停至一一二七〇〇日圓，但很快開始出現拋售潮，使股價下跌。假如在當日以一一二七〇〇日圓購買，並且如預期TOB價格最終確定為一三九五〇〇日圓，那麼每股的利潤將達到二六八〇〇日圓。這裡我參考了真田昌幸的策略，計算了勝負的可能性、最大風險與最大報酬。當時我的計算如下。

勝率：百分之七十五　最大報酬：兩千萬日圓　最大損失（最大風險）：四百萬日圓

這些計算的依據來自過去的TOB趨勢、收購企業、被收購企業的情況、日本當前的經濟情勢，以及幾位值得信賴的朋友提供的意見等。我從多個角度進行了深入思考。

當天，我雖然猶豫了一陣子，但在下午盤開始後陸續買入了 Jupiter Telecom 的股票，最終累計購入了七三九股，平均價格約為一一二〇〇〇日圓。這是勝率與風險報酬比都非常罕見的絕佳機會，所以我決定果斷出手進場交易。當時我的資金總額略高於一億日圓，即便損失最大風險四百萬日圓，也只運用到資產的約百分之四，不至於使我精神崩潰。

決定投資金額時，最需要注意的地方就是「這裡」。**絕對不要投資會讓自己精神失控的金額。**因為一旦投入超出自己心理承受範圍的金額，就無法做出冷靜的判斷，反而會大大增加失敗的可能性。即使在投資之前，你冷靜計算出了百分之七十五的勝率，但若在投資後若精神受到干擾，那麼實際的勝率可能會降到百分之七十五的一半以下。所謂精神失控，是指連股價的細微波動都無法讓你安定、甚至影響你的日常生活，例如晚上睡不著的狀態。如果出現這種情況，就應認定你的精神狀態已經受到影響。進行大規模交易時，務必時刻注意這一點。

那麼，真田昌幸的賭局結果如何呢？當時，堅守上田城的真田軍僅有兩千人，而德川軍主力卻擁有三萬八千人的壓倒性兵力，對上田城展開猛攻。一般來說，攻城戰只需城內兵力的三倍即可「攻陷城池」，但在真田昌幸高超的軍略下，兵力足足是其十九倍的德川軍主力，最後仍無法攻陷上田城。

在東西兩軍二分天下的關原之戰中，作為地方小領主的真田昌幸，竟以少量兵力成功將德川軍主力困於上田，使其無法參加關原的主戰場，創下前所未有的戰功。可惜的是，儘管德川主力軍未能參戰，西軍仍在關原之戰中落敗，真田昌幸的賭局最後以失敗告終。戰後，真田昌幸遭到流放，但投靠德川陣營的長子真田信之保住了真田家的血脈，並成為信濃松代藩的初代藩主，讓真田家族能延續至明治時代。

回到我的 Jupiter Telecom 投資結果。最後，Jupiter Telecom 的 TOB 價格定為十一萬日圓，我的預測完全落空。這次投資的實

投資的前提應是「可冷靜承受盈虧的金額」，並以此為基礎來平衡勝率、風險與報酬。

際損失為一百五十八萬日圓（此處省略後續追加的投資結果）。從結果來看，雖然一百五十八萬日圓的損失讓人遺憾，但這也只是結果論的觀點。

正如本書多次提到的，投資中，**最重要的是出現結果前的勝率評估**。如果當時情況往好的方向發展，即使無法達到最高的兩千萬日圓利潤，也可能獲得數百萬日圓的收益。無論是真田昌幸的戰略，還是我在Jupiter Telecom的投資例子，雖然最後失敗了，但我認為這些行動仍有充分的價值。

首先要考慮勝率，其次計算並比較風險與報酬（特別是最大損失）。最後，確保投資金額始終控制在能讓自己保持冷靜的範圍內。這就是在面對重大投資或決策時需要思考的核心要點。

結論

進行大額投資時的判斷基準如下。①考慮勝率、②比較風險與報酬、③確認自己能否冷靜地進行交易。

29 注意不要見樹不見林

本節標題中的諺語「見樹不見林」相當有名，意為過於專注在事物的一部分或細節，卻忽略了對整體的理解。這句諺語在英文中也有對應的句子，即「You cannot see the wood for the trees」。日語中也有如「逐鹿者不見山」（鹿を追う者は山を見ず）這般類似的諺語。這類諺語相當多，可見這是一個世界共通、易導致失敗的現象。歷史上也有許多場景可以套用這句諺語。

譬如天正十七年（一五八九年），伊達政宗與會津的蘆名義廣，於今日的福島縣所進行的摺上原之戰。

長期以來持續衝突的伊達政宗與蘆名義廣，最後在如今福島縣磐梯山山麓的摺上原，進行了決戰。根據《蘆名記》的記載，當時雙方的兵力分別為伊達政宗軍兩萬三千人，蘆名義廣軍一萬六千人。不僅兵力上有顯著差距，伊達軍還擁有戰事經驗豐富的猛將與精銳士兵；相較之下，蘆名軍不僅面臨當家的繼承問題，家臣間也有內部分裂的困擾，整體缺乏凝聚力。因此，戰前大多數人認為伊達軍有明顯優勢。

一五八九年七月十七日，在強烈的西風中，兩軍激烈交鋒。於西側布陣的蘆名軍先鋒大將富田隆實抱著決一死戰的覺悟，率先向布陣於東側陣地的伊達軍發動突擊。雙方激戰不久後，蘆名軍先鋒大將的氣勢壓倒了伊達軍，使其第一陣迅速崩潰。原本被認為占據壓倒性優勢的伊達軍開始動搖。

突破伊達軍第一陣後，蘆名軍接著猛攻伊達軍第二陣，即由伊達軍最強猛將片倉小十郎率領的部隊。蘆名軍甚至用上大砲等武器，射殺了片倉小十郎的親衛隊，並發起猛烈攻勢，最終竟擊潰了片倉小十郎的部隊。蘆名軍乘勢再攻，一舉擊破了伊達軍的第三陣與第四陣。可以想見當時身處戰場的伊達政宗，目睹這令人難以置信的情景，必定面露驚愕之色。

究竟為何擁有精銳部隊的伊達軍會崩潰至此？蘆名軍能夠如此勢如破竹地擊潰伊達軍，關鍵的原因在於「風」（當然，蘆名軍先鋒大將的奮勇表現也不容忽視）。決戰當日，從西側蘆名軍陣地吹來的強風，直接吹向東側伊達軍陣地，捲起了大量砂塵。這些砂塵直撲伊達軍士兵的眼睛，讓他們睜不開眼，嚴重影響了視線。即便是再精銳的士兵，在這樣的條件下也無法正常作戰，不得不面臨陣地崩潰的結局。

第四陣也被擊潰的伊達軍，眼看敗局已定。但就像是神明在惡作劇一般，風向突然改變。原本來從西方吹來的烈風，竟一下轉為從東邊吹來。此時，砂塵開始襲擊蘆名軍士兵的雙眼。原本處於劣勢的伊達軍瞬間扭轉局勢，對蘆名軍發動全面攻擊。蘆名軍的陣形很快崩潰，最後全面潰敗。蘆名軍在撤退時經過了日橋川，許多士兵喪命於此。伊達軍隨後展開追擊戰，僅僅四天後便進入了蘆名家的根據地黑川城（即現今的會津若松城，一稱鶴城）。至此，鎌倉時代以來的名門望族蘆名氏，就這樣徹底滅亡。

關於這場摺上原之戰的勝負原因，可從多方面探討，但最為關鍵的因素無疑是「風向」。在戰役開始前，伊達政宗透過事前工作，成功策反了蘆名陣營中的一些家臣，加上兵力優勢，他認為這場戰役必勝無疑。然而，決戰當日的「風向」差點讓他一敗塗地。這種情節在投資市場中也相當常見。接著讓我們來看看具體的例子。

次頁為迅銷在二〇一二年三月至七月的日線圖。

三月之前，在許多原因下，迅銷的股價受到買盤持續推升。然而在四月上旬，股價一度下跌至最低點一七一七〇日圓。在這之後的四月十二日，公司發布財報，宣布上調業績預測並增加配息。受此利多消息影響，隔天股價跳空開高至一八二七〇日圓，並大幅上漲至一八九七〇日圓（收盤價）。若這股勢頭持續下去，突破兩萬日圓指日可待。

但正如線圖所示，迅銷股價在四月十三日觸及高點後，未能進一步突破，隨後逐漸下跌，六月時已跌至近一五二〇〇日圓。

股價下跌的原因，固然有此前股價漲過頭等因素，但最主要的影響因素，應是日經平均指數的下跌。訊銷日線圖的次頁，顯示了同一期間日經平均指數走勢，以供參考。

三月期間，日經平均指數一度達到一〇二〇〇日圓，但自四月四日的黑 K 線（線圖的 A）後，指數持續下跌，再也回不到一萬日圓之上，六月甚至跌破了八五〇〇日圓（線圖的 B）。在這種情況下，即使迅銷的財報表現良好，要進一步推升股價也困難重重。至於迅銷對日經平均指數的影響，此處暫不詳細討論。

◆迅銷（東證 9983）的日線圖（2012 年 3 月～ 7 月）

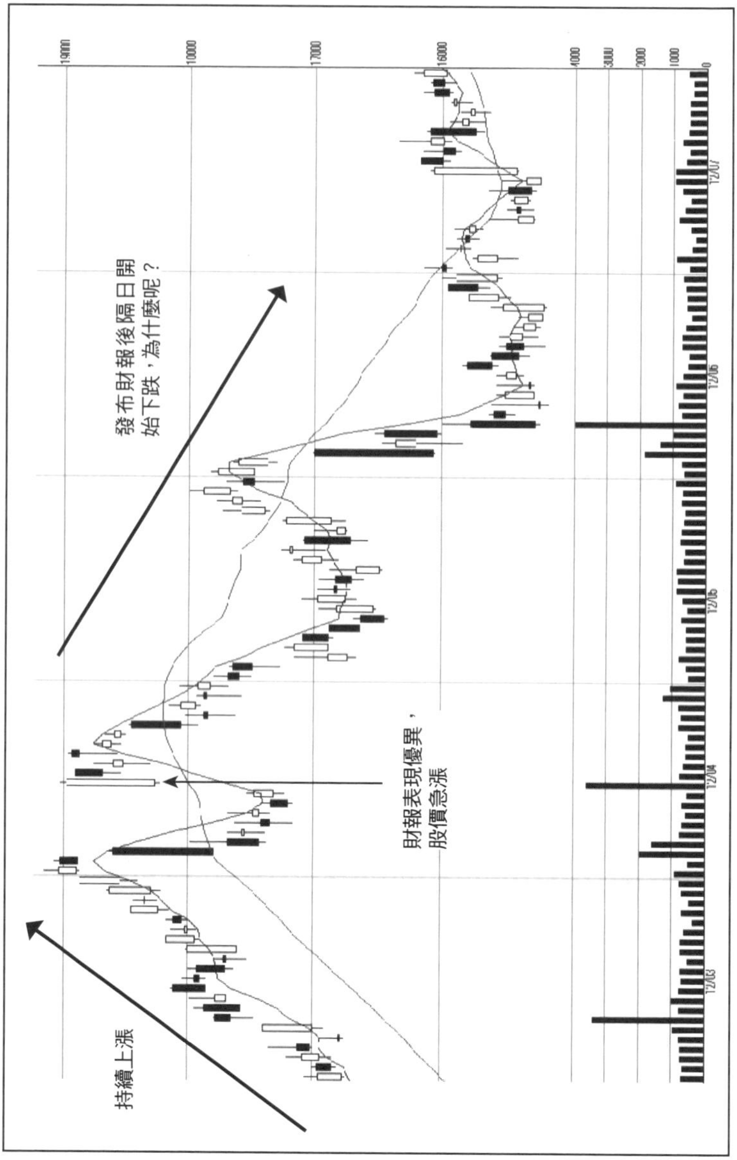

◆日經平均指數的日線圖（2012 年 3 月～ 7 月）

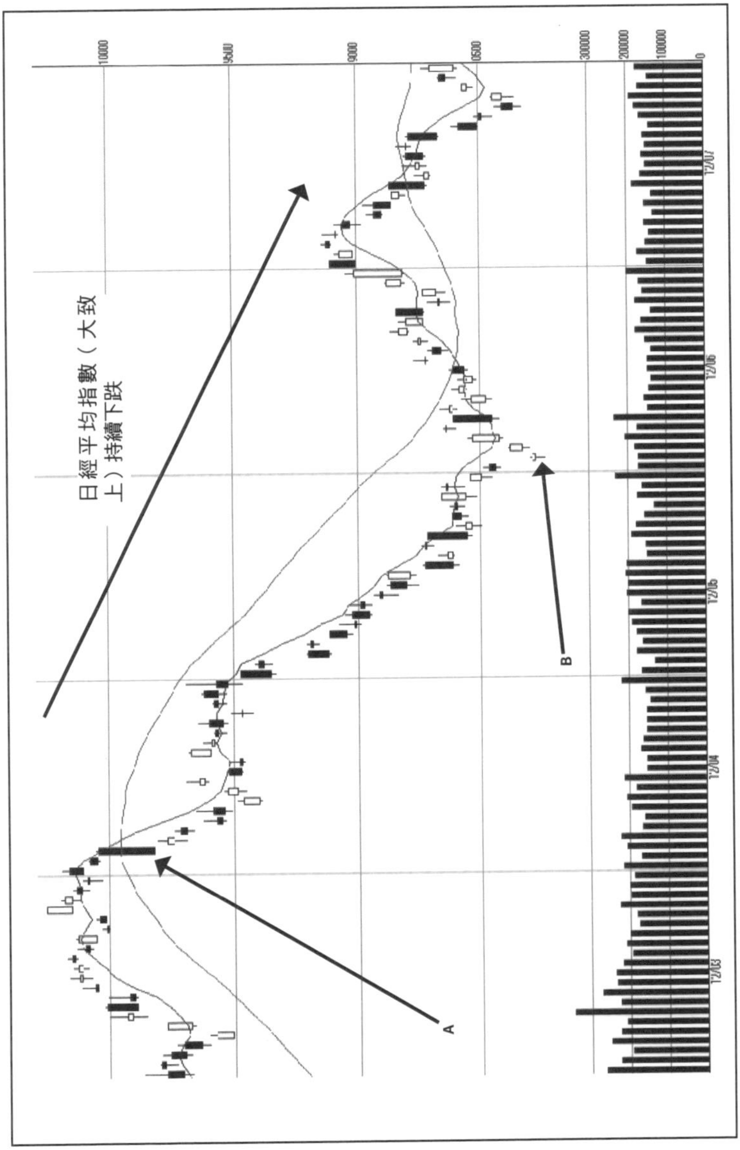

這種情況類似於伊達與蘆名的戰爭。即使伊達軍在條件上占優勢（個股基本面良好），但若遇到更大的外部影響，例如天災（日經平均指數下跌等），結果就可能變得完全無法預料。這正是「見樹不見林」的典型例子。

投資時，除了觀察「樹」（個股）的狀態，也要密切關注「林」（市場）的情況。即使眼前有品質優良的樹，如果森林的環境欠佳，貿然進入森林仍是一件相當危險的事。在進入森林、抵達目標樹木之前，請仔細觀察森林對樹木的影響。

如果將前例的「風向」類比為森林（日經平均指數等），那麼，我們就應該順著風向交易，這是提升勝率的關鍵。當強風明顯朝某方向吹送時，盡可能順著風向交易。如果這個風向與自己想交易的方向相悖，不妨就暫時休息。舉例來說，當日經平均指數呈下跌趨勢時，可將放空個股作為主要操作策略（股價下跌時可獲利）；當日經平均指數呈上漲趨勢時，則以買進為主。順著市場整體走勢（如日經平均指數）來交易，可顯著提高交易的勝率。

① 若只看這個部分，球似乎正在往下掉……（樹）。

② 如果該情景發生在一個上升的電梯內（林），相對於①，球其實在「上升中」。

結論

不要只專注於個別股票，也要關注整體市場。在看「樹」的同時，也別忘了看「林」。

第六章
投資的精髓

30 頂尖贏家的想法

本書在第五章中介紹了各種正確的投資思維。在最後一章，我們將從歷史上眾多偉人中，學習投資時應追求的思考方式。這些偉人是歷史中的頂尖贏家，他們的智慧值得我們借鑑。

本章中，我們將從幕末（江戶時代末期）的「尊王」派與「佐幕」派這兩個對立派系的角度，來思考在幕末的約兩百五十年前，德川家康可能在暗中策劃的一項密令。

本書中，我們將「尊王」與「尊王攘夷」視為相近的概念。「尊王」是指尊崇天皇的思想，當時多與倒幕（推翻德川幕府）的主張掛勾，雖兩者不完全相同就是了。「佐幕」則與「尊王」對立，指的是支持德川幕府。

幕末時期，美國的佩里來航後，日本國內陷入極大動盪，尊王派與佐幕派之間的對立日益激烈。雙方對立形式相當多樣，有的藩（諸侯）完全支持尊王派，有的藩完全支持佐幕派，而在一些藩內部，則存在著激烈的派系爭鬥。

每種思想的形成都源自某些地區或勢力。佐幕派的思想主要來自德川家族，以及其譜代大名（與德川家族較親近的大名）。那麼，尊王攘夷的思想又來自哪裡呢？讓人訝異的是，尊王攘夷一派，竟然發源自德川御三家的水戶藩。這非常耐人尋味，因為尊王攘夷在某種程度上是否定德川幕府的（雖非完全否定）。那麼，為何其思想源頭並非來自外樣大名（與德川家族較疏遠的大名），反而來自德川家族內部，尤其是被允許擁有「德川姓」的水戶藩呢？

這個問題長期困擾著我，直到我讀了井澤元彥先生的著作《戰亂的日本史》，書中提出了一個解答。據書中所述，這其實可以追溯到幕末的兩百五十年前，一個可能是由德川家康所設立的避險策略。

從關原之戰的情況可以看出，當東西雙方發生戰爭時，戰敗方家族的血脈往往會徹底斷絕。因此在戰國時代，勢力小的家族常會在重大戰爭中，將家族成員分別安插於雙方，即使一方滅亡，另一方仍能存續，進而保住家族血脈的延續。本書第五章第二十八節提到的真田家，就是這樣的例子。事實上，在關原之戰中，真田家的長子效忠德川家，而父親與次子則支持豐臣家，最後成功避免了真田一族滅亡的危機。

德川家康深切汲取了這些教訓，據說他曾密令水戶藩，未來萬一德川本家與天皇家對立，水戶藩必須站在天皇這一方。由於這是密令，未留有書面紀錄，故也沒有決定性證據（僅留下傳說）。然而，若從這個角度來看，許多江戶時代留下的疑問，就能由這條線索推論出道理。

舉例來說，幕末時期，第十五代將軍德川慶喜以武勇著稱。但在鳥羽伏見之戰中，儘管他擁有壓倒性兵力，卻在倒幕的薩長軍面前撤退逃亡。值得注意的是，德川慶喜曾在一八六四年的禁門之變中親自與敵軍展開肉搏，是德川歷代代將軍中少見的勇猛人物。這樣一位將軍卻在薩長軍面前逃亡，推測是因薩長軍打著朝廷（天皇家）旗印「錦之御旗」出征的緣故。

德川慶喜正是出身於水戶藩。考慮到德川家康代代相傳的密令，可以認為德川慶喜並非因畏懼薩長軍而逃亡，而是為了避免與天皇家衝突而選擇撤退，這樣的解釋相當合理。其他疑問若以這一理論為基礎，也都能合理解釋。

基於以上各種事件，德川家康很可能在幕末的兩百五十年前，就已下達這道密令，這充分展現了他的深謀遠慮。即使在統一天下之後，他仍為子孫後代設下了如此驚人的避險策略。

若以投資的角度來看，這就像是在人人都在買進的市場中，某位擁有巨額財富的投資人，為了防止資產全滅，於是在關鍵價位做空以避險。

深入觀察德川家康這位深謀遠慮者的人生，可以發現一個顯著的特點。**他能接受一般人難以接受的事，持續忍耐，貫徹防守策略。**

德川家康自懂事以來便是他國的人質，如此度過隨時可能喪命的幼年時期。成為領主後，面對領地內發生的三河一向宗叛亂，他甚至寬恕了那些曾經舉兵反對他的人。在與織田信長結盟期間，當信長下令讓家康的長子切腹時，他雖然內心相當痛苦，仍忍痛讓兒子自盡。與豐臣秀吉對立時，即使被關東的北條氏視為家臣對待，他也不動怒。與秀吉和解時，他甚至接受了政治婚姻，迎娶一位他並不喜歡的妻子。北條氏被消滅後，秀吉剝奪了德川家祖先世代相傳的土地，並將他的領地移至關東，他依然遵從這個命令。即使是秀吉死後，他在關原之戰中勝出，依舊讓豐臣家延續了十五年。家康正是以如此的方式，接受了一般人難以接受的事，歷經多次忍耐，穩扎穩打地一步步邁向成功，最後才一統天下。

在投資方面，再也找不到比德川家康更好的典範。他人生中的一系列行動，無疑展現了投資的精髓，堪稱投資者的最佳榜樣。

接受那些難以接受的事情，就像是在交易中停損。將家康的人生列舉如上，乍看之下，似乎全是被迫停損的例子。但實際上，多數成功人士的人生都遵循了這樣的模式。在災難尚未擴大前，他們能果斷地停損，損失幅度不大；並在時機成熟時，果斷行動，全力前進。事實上，在本能寺之變中，織田信長被暗殺後，家康觀察到甲斐（位於今山梨縣）與信濃（位於今長野縣）的領主位置空了出來，便迅速發起攻勢，輕而易舉地將這些土地納入自己的版圖。

為了避免落入「自我毀滅」的陷阱，需要慎重行事。就像在過石橋前，需一邊前進，一邊小心敲打石橋。

再來，所謂的「持續忍耐」，指的是不要急於求成、不要試圖一次決勝負的態度。家康一生中打過無數次的勝仗。一般人若是打勝仗，通常會趁勝追擊，試圖徹底殲滅敵人，分出高下。然而，家康在面對不確定要素較多的局面時，常會迅速轉入守勢。即使是看似能一次決出勝負的爭鬥，他也會分階段進行，逐步提升勝率，達成自己的目標。譬如在關原之戰奪取天下後，他並未立即消滅具潛在威脅的豐臣家，而是讓其存續了十五年，並在這段期間內將勝算提升到最高，才著手消滅豐臣家。而且，在消滅豐臣家的戰爭中，雖然家康的力量有壓倒性優勢，但為以防萬一，他將戰爭分為兩次進行（大坂冬之陣、夏之陣）。家康從不急躁，而是穩定提升自己每場戰役的勝率，逐步實現目標。

從這些例子可以清楚地看出，家康這個人絕不輕易自我毀滅，是一位防守的高手。而這一點在投資的世界中同樣適用。我從二〇〇五年成為專職投資人以來，一直到撰寫本書的這幾年間，深刻體會到市場的可怕。二〇〇六年的活力門（Livedoor）事件、二〇〇八年的雷曼兄弟事件、二〇一一年的東日本大地震……各種事件若精算起來實在不勝枚舉。在這段時間裡，許多曾與我並肩學習的投資人朋友，就是因為這些驚濤駭浪而退出了市場。

觀察這些動盪的市場，我可以斷言，那些已經消失的投資人與如今仍活躍於市場中的投資人之間，最大的區別就在於**防禦力**。那些退出市場的投資人，往往是因自身的失誤導致失敗，某種程度上算是自我毀滅。反觀那些至今仍活躍於市場的投資人，他們絕不會自取滅亡，並擁有卓越的防禦力。

一般來說，所有人投資的目的都是為了獲利。這是理所當然的事。然而在投資的過程中有勝有敗，換言之，有時會獲利，有時則會虧損。大多數人往往會專注於如何增加獲利。

但是，投資的精髓並不在於此。**投資的精髓在於，如何將虧損減至最小。**如果將投資視為一場與他人的競爭，那麼**如何將虧損降到最低**，才是區分勝者與敗者的關鍵。許多人無法在投資中取得成功，正是因為他們不了解這個投資的精髓。

理解投資的精髓，並具備足夠的防禦力後，再結合利用圖表分析等攻擊方式，以及各種投資技巧，才能讓這些攻擊方式發揮出最大威力。唯有如此，才能成為一流的投資人。

結論

投資的精髓在於避免自我毀滅，並盡可能減少虧損。

後記

我一直深信，透過歷史事件可以看到人性百態，可說是學習的寶庫。投資時會遇到各種危機，常需要做出急迫而關鍵的決策。在這些時刻，我常聯想到某場戰役的場景，或者覺得這與某位偉人當時的決斷類似。這讓我發現，投資活動與歷史事件有許多共通點。

因為我從小就熱愛歷史，在開始投資以前，就對歷史故事耳熟能詳。或許也因為如此，當我在投資活動中需要做出關鍵決策時，歷史教訓總能派上用場。學習到的歷史，在投資上幫了我不少忙，這也是我想撰寫本書的原因。理解歷史事件的意義，有助於在投資中做出正確判斷。

為撰寫本書，我投入了大量時間，傾注了全部心力，認真專注地完成這本著作。如果本書能成為各位在投資上的助力，那就太棒了。

出版本書之際，特別感謝羽根、夕凪先生／女士的支持與幫助。因為有你們，本書才能順利面世。

本書內容相當重視防禦。一般來說，這類投資書籍的銷量往往不如那些充滿華麗攻擊策略的書籍。即使如此，Pan Rolling 的後藤社長，以及負責編輯的磯崎先生／女士仍認為本書內容對投資人來說十分出色，欣然同意出版，在此表達我的謝意。

另外也要感謝在撰寫本書的過程中，幫助我搜尋符合範例的股票線圖的朋友們，包括Hiroshi、avexfreak、RUN、夕凪、Sato、Rucchi先生／女士，真心感謝你們的協助。

還有要感謝平日的投資夥伴們，特別是Enjyuku的大家，以及Pan Rolling的所有成員，以及特地拿起這本書，並耐心讀到最後的每一位讀者。在此由衷表達感謝之意。

另外，作為本書的作者，我將透過Pan Rolling公司，將本書所得的全部版稅捐贈給日本紅十字會，以支援受到東日本大震災影響的災民。

平成二十五年（二〇一三）三月

上總介

國家圖書館出版品預行編目資料

不確定性時代的投資兵法：從歷史中領悟30個「不敗」投資觀念／上總介作；陳朕疆譯. -- 初版. -- 新北市：奇光出版，遠足文化事業股份有限公司，2025.03
面；　公分. -- (alchemist；2)
譯自：稼げる投資家になるための投資の正しい考え方
ISBN 978-626-7221-98-3（平裝）
1.CST：股票投資 2.CST：投資技術
563.53　113017319

線上讀者回函

alchemist 002

不確定性時代的投資兵法

從歷史中領悟30個「不敗」投資觀念

稼げる投資家になるための投資の正しい考え方

作　　者　上總介
譯　　者　陳朕疆
總 編 輯　曹慧
副總編輯　邱昌昊
責任編輯　邱昌昊
封面設計　職日設計
內文設計　Pluto Design
行銷企畫　黃馨慧、林芳如

出　　版　奇光出版／遠足文化事業股份有限公司
E-MAIL：lumieres@bookrep.com.tw
粉絲團：facebook.com/lumierespublishing
發　　行　遠足文化事業股份有限公司（讀書共和國出版集團）
www.bookrep.com.tw
231 新北市新店區民權路 108-2 號 9 樓
電話：（02）2218-1417
郵撥帳號：19504465　戶名：遠足文化事業股份有限公司
法律顧問　華洋法律事務所　蘇文生律師
印　　製　通南彩色印刷股份有限公司
定　　價　420 元
初版一刷　2025 年 3 月
ＩＳＢＮ　978-626-7221-98-3　書號：1LAL0002
978-626-7221-97-6（EPUB）
978-626-7221-96-9（PDF）